अजना टैरो काड्र्स

प्राचीन भारत की प्रकृति भविष्यवाणी विधि NATURE PREDICTION METHOD OF ANCIENT INDIA(HINDI & ENGLISH)

पं. मानस राजऋषि

Made with ♥ on the Notion Press Platform
www.notionpress.com

देवी प्रकृति का स्वरूप (Goddess Nature)

सन्ति निरतं जीव-जगतां प्राण-दाने,
तरु-लतानां विविध-वर्गाः शं दधाने।
वन-गिरि-नदी-पशु-विहङ्गाः
रात्रि-दिन-ऋतु-शशि-पतङ्गाः,
सर्वमास्ते जन-हितार्थं संहतम्।
रक्षति प्रकृतिः सती
सौख्य-राशिं तन्वती
वन्य-सम्पद् रक्षणीया सन्ततम्।
शाश्वतम्, प्रकृति-मानव-सङ्गतम्।।

<u>भावार्थः</u>

विभिन्न प्रकार के पेड़ और लता
हमेशा जीवन देने में व्यस्त
और कल्याण की पेशकश करने वाले मामलों में
चेतन प्राणियों की दुनिया के लिए।
जंगल, पहाड़, नदियाँ,
पशु और पक्षी, अगला
रातें, दिन, ऋतुएँ, चाँद और सूरज,
सब एक साथ लगे
लोगों की भलाई के लिए।
प्रकृति अच्छी तरह से रक्षा करती है
और सभी प्रकार के सुखों को प्रदान करता है।
तो सभी प्राणी जो धन हैं
वन क्षेत्र होना चाहिए
हमेशा ठीक से संरक्षित।
कृति और मनुष्य के बीच।रिश्ता शाश्वत है प्र

different types of trees and creepers
always busy giving life
And in matters offering welfare
To the world of animate beings.
forests, mountains, rivers,
Animals and Birds, Next
Nights, days, seasons, moon and sun,
all together
For the welfare of the people.
nature protects well
And provides all kinds of pleasures.
So all beings who are wealth
there should be forest area
Always properly preserved.
The relationship between nature and man is eternal.

क्रम-सूची

प्रस्तावना

जो सत्य का दामन पकड़ता है सत्य ऊसके साथ होता है । मैंने बहुत से ज्योतिषियों को देखा जो भूत और भविष्य देखने के लिए पंचांग नामक पुस्तक की सहायता से प्रश्न चक्र बनाते हैं किन्तु जब मैंने देखा कि बिना चक्र और किसी कार्ड के बिना तुरंत उत्तर कैसे ? पं. मानस के पास लोग आते और वे अपनी जगह से घूर्णन करते और उत्तर दे देते । मैंने इसे समझना चाहा और बहुत कुछ सीखा । अजना शब्द भारत के प्राचीन नाम से संबंधित है इसलिए इस नाम के चयन में मैंने अंश मात्र का योगदान दिया । मैंने प्रकृति के बीच इसे समझा । प्रकृति प्रत्येक क्षण हमें देख रही और हमारे जीवन को संचालित करना चाह रही है । प्रकृति ने एक चक्र बनाया है जिसमें सभी जीवधारी जीवन यापन कर रहे हैं ।

Truth is with the one who embraces the truth. I saw many astrologers who make question cycles with the help of a book called Panchang to see the past and future, but when I saw how to get the answer immediately without the cycle and without any card? People would come to Pt. Manas and he would rotate from his place and give answers. I wanted to understand it and learned a lot. The word Ajna is related to the ancient name of India, hence I contributed only a part in the selection of this name. I understood it amidst nature. Nature is watching us every moment and trying to govern our lives. Nature has created a cycle in which all living beings are living.

छोटा शिशु घर से बाहर बार-बार भागता है और उसकी माँ उसे पकड़कर वापस लाती है । माँ को डर है कि उसका बच्चा घर के बाहर किसी वाहन अथवा घूमने वाले जन्तु के पैरों से घायल न हो जाए । देवी सुषमा ने हमारे लिए भी प्रकृति चक्र का घर बनाया है । हममें से ज्यादातर लोग शरारती शिशु की तरह हैं जो प्रकृति चक्र से बार-बार बाहर निकालने का प्रयास करते हैं । माँ बार-बार शिशु को वापस चक्र में लाने का प्रयास करती है । असुरों का राजा प्रकृति के इस घर से बाहर बैठकर प्रतीक्षा करता रहता है कि कोई बाहर निकले तो उसे वह अपनी दुनिया की सैर कराए ।

The small child runs away from home again and again and his mother catches him and brings him back. The mother is afraid that her child might get injured by the feet of some vehicle or animal roaming outside the house. Goddess Sushma has made the home of Nature Chakra for us also. Most of us are like naughty children who repeatedly try to get out of the cycle of nature. The mother repeatedly tries to bring the baby back into the cycle. The king of demons sits outside this house of nature and waits for someone to come out and take him on a tour of his world.

यही शिशु जब किशोर से युवा होने लगता है तब उसे माँ-पिता का प्रेम नजर नहीं आता और कह एक दिन पूछता है कि आपने मेरे लिए क्या किया है ? मुझे क्या दिया है ? प्रकृति के चक्र से बार-बार भागने का प्रयास करता मनुष्य भी एक दिन प्रकृति से कहता है कि हे प्रकृति तुम्हारे घर में मुझे कुछ नहीं मिला । अब मैने फैसला कर लिया है कि मै इस घर से बाहर निकलुंगा । ऐसा कहकर वह बाहर निकल जाता है । तमराज इंतजार में हैं । तमराज ने उसे भौतिक दुनिया दिखाई और ज्यादा समृद्धि के लिए महत्वाकांक्षा की लड़ाई लड़ने को कहा । तमराज ने कहा कि यहाँ झूठ, चोरी, हिंसा और उपद्रव इन सबकी स्वतंत्रता है । तुम जितना करोगे तुम्हें तमलोक की दुनिया उतना अधिक देगी । ऐसे लोग जो अंधेरे चक्र में प्रवेश कर गए उन्हें सदैव सामने सुख खड़ा दिखाई देता किन्तु वे सुख को पकड़ने जितना अधिक आगे जाते सुख उतना अधिक दूर दिखाई देता । अंधेरी दुनिया में जाने के बाद जब सुख को पकड़ने वाला थक गया और उसे मालुम चला कि वह गलत चक्र में फंस गया है तब वह पछताया । उसने प्रकृति को पुकारा । प्रकृति ने अपने पुत्र का रोना सुनकर उसे वापस अपने घर में खींचने का प्रयास करती है ।

When this child starts growing from a teenager to a young man, he does not see the love of his parents and one day he asks, what have you done for me? What have you given me? Man, who repeatedly tries to escape from the cycle of nature, one day says to nature, O nature, I did not find anything in your house. Now I have decided that I will get out of this house. Saying this he goes out. Demon emperor Tamraj is waiting. Tamraj showed him the material world and asked him to fight the battle of ambition for greater prosperity. Tamraj said that here there is freedom for lies, theft, violence and disturbance. The more you do, the more the world of Tamlok will give you. Such people who have entered the dark circle always see happiness standing in front of them, but the further they go to catch happiness, the further away happiness appears. After going into the dark world, when the pursuer of happiness got tired and realized that he was stuck in the wrong cycle, he repented. He called out to nature. Prakriti, hearing her son's cry, tries to pull him back to her home.

मैंने देखा कि यह विद्या मेरे लिए अभी भी एक अनसुलझा विज्ञान है किन्तु इनमें कुछ विशिष्ट सिद्धांत कार्य कर रहें हैं । जिस प्रकार श्री यंत्र या अन्य कोई यंत्र की संरचना सत्य है किन्तु इसे सुलझाना आसान नहीं है । इसी प्रकार प्रकृति संज्ञान विद्या भी सत्य है जो सिर्फ दो आधार से चलती है एक विश्वास और दूसरा सिद्धांत । तीसरे अध्याय में दिव्यदंड का विधान वास्तव में उत्कृष्ट है । मैंने बारीकी से इसे पढ़ा

और समझा तो जाना कि दिव्यदंड का मूल सिद्धांत हमारी दिव्यऊर्जा की क्षति को रोकना है जो हम सामान्य सी घटनाओं में व्यय कर देते हैं । मैंने दिव्यदंड धारण करने वाले व्यक्तियों में सदैव एक विशिष्ट सकारात्मक आभामंडल देखा है ।

I saw that this science is still an unresolved science for me but some specific principles are working in it. Just as the structure of Shri Yantra or any other instrument is true, but it is not easy to understand the reason for its structure. Similarly, the science of knowing nature is also true which runs on only two bases, one is faith and the other is theory. The provision of divine punishment in the third chapter is really excellent. I read it carefully and understood that the basic principle of Divya Danda is to prevent the loss of our divine energy which we waste in ordinary events. I have always seen a special positive aura in the people who wear the Divyadanda.

जैसा कि मैंने कहा कि भूत , भविष्य को जानने के लिए संसार में अनेकों प्रकार की गणित, कार्ड , काली शक्ति और ज्योतिष की विधियाँ हैं किन्तु मैंने प्रकृति संज्ञान विद्या से बेहतर अभी तक कुछ नहीं देखा । जिसके मन में इस विद्या को जानने की जिज्ञासा है तो समझिए कि सिर्फ पढ़ना भी आपके लिए भाग्यशाली है । आप इसे पढ़ें और प्रयास करें क्योंकि आपको वह मार्ग मिलने वाला है जिसकी आप खोज में लगे थे । आपको वह सफलता मिलने वाली है जिसकी आप कल्पना करते हैं । बस आपको एक बात ध्यान में रखना है कि यदि आपके हाथ में चाभी है और दरवाजे पर लगा ताला आपके सामने है तो आपको सिर्फ एक बात की जिज्ञासा बाकी होनी चाहिए कि – चाभी को घुमाना कैसे है ।

- नीतू तिवारी

is lucky . You read it and try because you are about to find the path you were searching for. You are going to get the success that you imagine. You just have to keep one thing in mind that if you have a key in your hand and the lock on the door is in front of you, then you should be curious about only one thing – how to turn the key. -

Neetu Tiwari

भूमिका

अजना टैरो कार्ड विद्या के साथ मैंने अनेकों वर्षों से कार्य करता आ रहा हूँ । मुझे कभी नहीं लगा कि कोई गलत उत्तर मिला । ऐसा हो सकता है कि दिखाई देने वाले चिन्ह को मन नहीं समझ पा रहा है । मैंने इस विद्या का प्रारंभ प्रकृति संज्ञान की मूल विद्या से किया था जो अध्याय दो में वर्णित है । तेरह वर्ष की उम्र में मै भारतीय ज्योतिष का अध्ययन करने लगा था और बहुत कुछ सीखा । जब तक मै 25 वर्ष का था तब तक मैंने भारतीय ज्योतिष के अनुसार प्रश्नों के उत्तर की विधियों का बखूबी प्रयोग किया । जब मैंने ऊर्जा चिकित्सा सीखा तब मुझे प्रकृति के सनिध्य में रहकर अधिक सीखने की इच्छा हुई । विद्यार्थी जीवन के अंतिम वर्ष मैंने हरिद्वार में बिताए । छुट्टियों के दिन गंगा नदी के तट के साथ घूमना और खोजना मेरा स्वभाव बन गया । गंगा के तट पर एक अघोरी गुरु ने मुझे प्रकृति संज्ञान विद्या का ज्ञान दिया । गुरु का ज्ञान पर्याप्त नहीं था क्योंकि इसे पूर्ण करने के लिए लंबे प्रयोग की आवश्यकता थी । विद्यार्थी जीवन के बाद मैंने जीवन के ज्यादा समय राजस्थान और गुजरात में बिताते हुए अपना प्रयोग जारी रखा । लगभग दस वर्ष के लंबे प्रयोग के बाद मैंने 2018 से इस विद्या के प्रयोग का मार्ग सबके लिए खोल दिया । मै प्राकृतिक चिकित्सा , योग , ध्यान और ऊर्जा चिकित्सा आदि का अध्ययन और चिकित्सा देने का कार्य करते हुए इस ज्ञान की भी शिक्षा देने लगा । मेरे विद्यार्थियों में अनेकों टैरो कार्ड और भारतीय ज्योतिष का उपयोग करने वाले आए । कुछ ज्योतिषियों को टैरो कार्ड या प्रश्न ज्योतिष के सिद्धांतों में कुछ कमी नजर आती रही । प्रकृति द्वारा भविष्यवाणी का ज्ञान सीखने वाले ज्योतिषियों में कभी किसी ने इस विद्या के सिद्धांत पर कोई प्रश्न नहीं किया । टैरो कार्ड के एक्सपर्ट को हर बार प्रिडिक्शन के लिए कार्ड खोलना पड़ता था जिसके कारण वे हर समय प्रिडिक्शन के लिए कार्य नहीं कर पाते थे । मै पहले अध्याय दो की विधि ही सिखाता था । इस विधि को जानने के बाद टैरो कार्ड वालों के लिए हर समय टैरो कार्ड लेकर चलने की समस्या समाप्त हो गई । अब वे किसी भी समय इस विद्या के द्वारा प्रश्नों से उत्तर दे सके थे ।

ऐसा नहीं है कि इसके सिद्धांत को समझने के बाद सभी एक्सपर्ट हो गए । वस्तुतः जो प्रकृति के सनिध्य में नहीं थे वे इसका सही उपयोग करना कभी नहीं सीख पाए । नेचर प्रिडिक्शन को सीखने के लिए प्रकृति के बीच रहकर एक लंबे प्रयोग और अनुभव की आवश्यकता रहती है । मैंने देखा कि नेचर प्रिडिक्शन का प्रयोग सबके बस की बात नहीं है । सभी शिष्य उस तरह की साधना नहीं कर सके जिसकी मै आशा करता था इसलिए लगभग सभी इस ज्ञान के साथ अधूरे रह गए । भारत में प्रश्न ज्योतिष की अनेकों विधियाँ हैं । एक विधि का अनुसरण करते हुए मैंने अजना टैरो कार्ड बनाने के लिए प्रतीकों की रचना स्वयं की । भारत के वैदिक ग्रंथ एवं सुषमा पुराण की कहानियों के अनुसार प्रतीकों को दर्शाने वाले चित्रों को लिया । उन्नीस पुस्तकों के लिखने के बाद मुझे इस विषय पर अपनी अगली पुस्तक निकालना था और यह आसान नहीं था । इन सौ प्रकार के प्रश्न-उत्तरों के लिए सही चित्र को खोजने में मुझे एक वर्ष लग गए । मुझे यह भी ध्यान रखना था कि यह नेचर प्रिडिक्शन ज्ञान के दूसरे विकल्प की तरह ही हो । अध्याय एक के अनुसार सौ कार्ड का प्रयोग करने वाले लोगों को प्रकृति से स्वतः लगाव उत्पन्न हो जाएगा ।

मैंने इस पुस्तक के साथ जो कहानियाँ जोड़ा है उसका संबंध सिर्फ प्रकृति के साथ है और समाधान के लिए दंड का प्रयोग तमाम पाखंड से रहित है । अन्य ज्योतिष की विधियों द्वारा प्रश्न का उत्तर तो मिल जाता है किन्तु समाधान की विधियों के पक्ष में मै कभी संतुष्ट नहीं था । मैं भी जब तक प्रश्न कुंडली की विधि का उपयोग किया तब तक मै भी लोगों को रत्न, यंत्र या अनुष्ठान का समाधान दे रहा था । रत्न और अनुष्ठान के खर्च को प्रत्येक व्यक्ति वहन नहीं कर सकता था । महत्वपूर्ण बात सिद्धांत की थी । ज्यादातर समस्याओं का कारण मनुष्य के सात चक्र का असंतुलन है । चक्रों में संतुलन बनाने के लिए कोई रत्न, क्रिस्टल या अनुष्ठान की आवश्यकता नहीं होती । वस्तुतः जीवन शैली , दिनचर्या, ऋतुचर्या या कोई बुरी आदत ही असंतुलन उत्पन्न करती है । मेरी धारणा है कि पहले जीवन के असंतुलन को सुधारा जाए । रत्नों । क्रिस्टल या अनुष्ठानों द्वारा समाधान की विधि में जीवन के संतुलन की कोई प्रेरणा नहीं होती । इस तरह के ज्योतिषियों को सिर्फ अपनी वाणी शैली पर कार्य करना पड़ता है जिससे वह ज्यादा ग्राहकों को आकर्षित कर सके । यह एलोपैथी के डॉक्टर की तरह है जिसके मंहगे और बड़े बोर्ड को देखकर रोगी आकर्षित होकर जाते हैं और जीर्ण रोगों के लिए एक वर्ष तक दवा के नाम पर पेनकिलर खाते रहते हैं । आपने देखा होगा कि घर के बगीचे में घास उग आती है । आप जानते हैं कि घास को जब तक जड़ से नहीं निकाला जाएगा तबतक घास की समस्या समाप्त नहीं होगी । यदि कोई कहे कि - क्या समाधान के लिए वास्तव में रत्न नहीं धारण करना चाहिए । या मुझे इसका विरोधी कहे तो मै यही कहूँगा कि पहले इए समझ लें । अधिकांश ज्योतिषी राशि के अनुसार लोगों के लिए रत्न चुनते हैं । आप ध्यान से इसका अध्ययन करें तो इसकी सत्यता यह है कि राशि के अनुसार रत्नों का सिर्फ दान दिया जाता है । ज्योतिषियों को पहले रत्न चयन की सही विधि को खोजना होगा । यदि खोजने पर न मिले तो सुविधा के लिए मैंने यहाँ एक अध्याय शामिल किया है ।

समाधान के मामले में मैंने प्राचीन विद्या दिव्यदंड को इसलिए साथ में जोड़ा जिससे कि समस्याग्रत व्यक्ति अपनी समस्या की जड़ को निकाल सके । आश्चर्य कि बात है कि समस्या की अनुभूति भीतर से होती है और व्यक्ति उसे सुधारने के लिए बाहर से कार्य करना चाहता है । वेदों के साथ ज्योतिष आया किन्तु वेदों के सैकड़ों वर्ष बाद बहुत सी नई विधियों की रचना की गई जिसके उपयोग से लोगों को ज्यादा से

ज्यादा राशि के दान से जोड़ा जा सके । यदि प्राचीन काल के कुछ विद्वानों ने नए ग्रंथों के माध्यम से ज्यादा दान परंपरा का प्रारंभ न किया होता तो शायद आज बौद्ध धर्म विकसित न होता । बहुत से लोग बुद्ध को वेद विरोधी मानते हैं किन्तु यह मान्यता असत्य है । वेदों में प्रकृति का विज्ञान था जिसे स्वयं बुद्ध ने भी समझा और अपने जीवन में इसका प्रयोग किया । बुद्ध ने सिर्फ ऐसे कर्मकांडों का विरोध किया जिसके प्रयोग से लोगों को भ्रमित किया जाता था और धर्म के नाम पर ज्यादा धनराशि ली जाती थी । बुद्ध के समय में संस्कृत के विद्वान बहुतायद थे और उस समय ये विद्वान एक दूसरे की नकल करते हुए संस्कृत के ऐसे नए ग्रंथ बना रहे थे जिसमें धर्म के नाम से बेहतर अर्थोपार्जन हो सके । ऐसे विद्वानों की आने वाली पीढ़ियों ने अपने पूर्वज के इन ग्रंथों का प्रयोग किया और यह उनकी जीविका का साधन बन गया । कुछ लोग यही समझते हैं कि वेद के बाद आने वाले बहुत से ग्रंथ भी वैदिक काल या सनातन धर्म प्रयोग का अंश हैं । वस्तुतः वेद के आधार पर सिर्फ यज्ञ का विधान था और वेदों में वर्णित देवी देवता का स्वरूप प्रकृति के साथ जुड़ा था । वेदों के बाद आने वाले ग्रंथ जिनमें ऐसे देवी देवता का वर्णन जो कि वेद में नहीं हैं का वैदिक काल से कोई तालमेल नहीं है । वैदिक काल तक देवी देवता का कोई भी मूर्तिवत स्वरूप नहीं था । बाद में आने वाले ग्रंथों की कथाओं से देवी देवताओं का स्वरूप वर्णित किया गया जिसके आधार पर मंदिरों के निर्माण हुए ।

वैदिक काल ऋषियों का विशेष काल था । ऋषियों को लोग देवता की तरह या श्रेष्ठ गुरु मानते थे । ऋषि का सम्मान राजाओं से भी पहले था क्योंकि ऋषियों ने ही बेहतर राज्य के लिए विज्ञान को दिया । वैदिक काल में लोग अपनी समस्याओं के समाधान के लिए ऋषियों को खोजते थे । आज की तरह ऋषियों के पास कोई भव्य आश्रम न था । ऋषि समाज अधिकतर पर्वत या नदियों के किनारे अपनी साधारण कुटी बनाकर रहते थे । प्रश्न का हल निकालने के लिए उनके पास न तो टैरो कार्ड था और न अन्य विशेष व्यवस्था । ऐसे समय में स्वर ज्ञान और प्रकृति संज्ञान की विद्या का प्रयोग प्रारंभ हुआ । आज भी भारत में जब किसी घर के दरवाजे की तरफ कोई कौआ बोलता है तो लोग समझ जाते हैं कि किसी मेहमान का आगमन होगा । इस तरह के बहुत से प्रयोग लोगों ने ऋषियों से सीखा । प्रकृति के द्वारा भविष्यवाणी का प्रयोग अत्यंत वैज्ञानिक था बाद में कुछ विद्वानों ने इसे पुनः नए रूप में परिवर्तित किया और शकुन-अपशकुन नामक शास्त्र की रचना की । शकुन-अपशकुन का गलत प्रयोग तब प्रारंभ हुआ जब लोग प्रश्नों के बिना प्रतीकों से लोगों को भ्रमित करने लगे । जैसे कि बिल्ली का रास्ता काटना प्रत्येक समय अपशकुन नहीं माना जा सकता । यह सिर्फ उस समय के लिए है जिस समय प्रश्न किया जा रहा ।

इस पुस्तक को लिखने के के लिए मैंने सिर्फ यही प्रयास किया कि लोगों को वास्तविक उत्तर मिल सके और लोग खर्चीले विकल्पों से बच सकें । प्रश्नों का सही उत्तर मिलना दो बातों पर निर्भर करता है । एक – स्वयं को प्रकृति का पुजारी बना लेना , दूसरा – प्रकृति पर पूर्ण विश्वास कायम करना ।

इस पुस्तक को इंग्लिश और हिन्दी दोनों भाषा में एक साथ प्रस्तुत कर रहा हूँ । समझने के लिए भाषा शैली को सरल बनाने का प्रयास किया गया है । मुझे विश्वास है कि यह पुस्तक प्रश्न ज्योतिष के विद्वान और टैरो कार्ड के एक्सपर्ट दोनों के लिए उपयोगी सिद्ध होगी ।

_पं. मानस राजऋषि

I have been working with Ajna Tarot Card Vidya for many years. I never felt that I got a wrong answer. It may happen that the mind is not able to understand the visible symbol. I started this study from the basic knowledge of nature knowledge which is described in chapter two. At the age of thirteen, he started studying Indian astrology and learned a lot. By the time I was 25 years old, I used the methods of answering questions according to Indian astrology very well. When I learned energy healing, I wanted to learn more by being closer to nature. I spent the last years of my student life in Haridwar. It became my nature to wander and explore along the banks of river Ganga on holidays. An Aghori Guru on the banks of Ganga gave me the knowledge of nature cognition. The Guru's knowledge was not sufficient because it required long experimentation to perfect it. After my student life, I continued my experiments by spending most of my life in Rajasthan and Gujarat. After a long experiment of almost ten years, I opened the way for everyone to use this knowledge from 2018. While studying and providing treatment on naturopathy, yoga, meditation and energy therapy etc., I also started imparting this knowledge. Many of my students included users of tarot cards and Indian astrology. Some astrologers continued to see something lacking in the principles of Tarot card or Prashna astrology. Among the astrologers who learned the knowledge of prediction from nature, no one ever questioned the principle of this knowledge. Tarot card experts had to open the cards every time for prediction, due to which they were not able to work for prediction all the time. Earlier I used to teach only the method of chapter two. After knowing this method, the problem of carrying Tarot cards all the time for Tarot card lovers ended. Now they could answer questions at any time through this knowledge.

It is not that after understanding its principle everyone became an expert. In fact, those who were not close to nature could never learn to use it properly. To learn nature prediction, a long experiment and experience by living among nature is required. I observed that using nature predictions correctly is beyond the intellectual capacity of most scholars. Not all the disciples could do the kind of sadhana that I expected, so almost all of them remained incomplete with this knowledge. There are many methods of Prashna Astrology in India. Following a method, I created the symbols myself to create the Ajna Tarot card. Pictures depicting symbols according to the stories of Indian Vedic texts and Sushma Purana were taken. After writing nineteen books, I had to bring out my next book on this subject and it was not easy. It took me a year to find the right picture for these hundred types of questions and answers. I also had to keep in mind that this nature prediction should be like another option for knowledge. According to Chapter One, people who use the Hundred Card will automatically develop attachment to nature.

The stories I have included in this book are concerned only with nature and the use of punishment as a solution is devoid of all hypocrisy. The answer to the question can be found through other methods of astrology but I was never satisfied with the methods of solution. Till the time I used the method of Prashna Kundli, I too was giving solutions to people through gems, instruments or rituals. Not every person could afford the expense of gems and rituals. The important thing was the principle. The cause of most of the problems is the imbalance of the seven chakras of man. Balancing the chakras does not require any gems, crystals or rituals. In fact, lifestyle, daily routine, menstrual cycle or any bad habit itself creates imbalance. My belief is that the imbalance in life should be corrected first. Gems. There is no inspiration for balancing life in the solution method through crystals or rituals. Such astrologers just have to work on their speaking style so that they can attract more customers. This is like an allopathy doctor whose patients get attracted after seeing his expensive and big board and keep taking painkillers for a year in the name of medicine for chronic diseases. You must have noticed that grass grows in the garden of the house. You know that the weed problem will not end until the weed is pulled out by the roots. If someone asks – Shouldn't one actually wear a gemstone for solution? Or if you call me an opponent of this then I would say that first let's understand. Most astrologers choose gemstones for people according to their zodiac sign. If you study it carefully, its truth is that gems are donated only according to the zodiac sign. Astrologers first have to find the right method of gemstone selection. If you cannot find it after searching, I have included a chapter here for convenience.

In the matter of solution, I have included the ancient wisdom Divya Danda so that the person with the problem can find the root of his problem. The surprising thing is that the problem is felt from within and the person wants to work from outside to improve it. Astrology came with the Vedas, but hundreds of years after the Vedas, many new methods were created using which people could be connected with donations of maximum amount. If some scholars of ancient times had not started the tradition of charity through new texts, perhaps Buddhism would not have developed today. Many people consider Buddha to be anti-Veda, but this belief is false. The Vedas contained the science of nature which even Buddha himself understood and used in his life. Buddha only opposed such rituals which were used to mislead people and extort large amounts of money in the name of religion. During the time of Buddha, there were many Sanskrit scholars and at that time these scholars were copying each other and creating new Sanskrit texts so that they could earn better money in the name of religion. The coming generations of such scholars used these texts of their ancestors and it became a means of their livelihood. Some people think that many texts that came after the Vedas are also a part of the Vedic period or Sanatan Dharma experiment. In fact, there was only the law of Yagya based on the Vedas and the nature of the Gods and Goddesses described in the Vedas was associated with nature. The texts that came after the Vedas, which describe gods and goddesses that are not in the Vedas, have no relevance to the Vedic period. Till the Vedic period, there was no idolized form of Gods and Goddesses. Various forms of gods and goddesses were described from the stories of the texts that came later, on the basis of which temples were built.

The Vedic period was a special period of sages. People considered sages as gods or as great teachers. Rishis were respected even before the kings because it was the sages who gave science for a better state. In the Vedic period, people used to look for sages to solve their problems. Unlike today, the sages did not have any grand ashram. The Rishi community mostly lived in simple huts on the banks of mountains or rivers. He neither had tarot cards nor any other special system to solve the question. At such a time, the use of knowledge of Swar vijnan of nature started. Even today in India, when a crow crows at the door of a house, people understand that a guest will arrive. People learned many such experiments from sages. The use of prediction by nature was very scientific, later some scholars changed it again in a new form and created a scripture called Shakun-Apshakun. The misuse of omens and bad omens started when people started confusing people with symbols without asking questions. For example, crossing the path of a cat cannot be considered a bad omen every time. This is only for the time in question.

My only effort in writing this book was to help people get real answers and avoid costly alternatives. Getting the correct answers to the questions depends on two things. One – to make oneself a worshiper of nature, second – to have complete faith in nature.

I am presenting this book simultaneously in both English and Hindi languages. An attempt has been made to simplify the language style for understanding. I believe that this book will prove useful for both scholars of astrology and experts of tarot cards.

_Pdt. Manas Rajrishi

1

प्रकृति संज्ञान पत्रक या अजना टैरो कार्ड (Nature prediction Cards or Ajna Tarot Card)

प्रकृति संज्ञान काड्र्स का सिद्धांत : वैसे तो प्रश्नों का उत्तर ज्ञात करने की बहुत सी विद्या इस संसार में प्रचलित हो गई है । मैंने बहुत सी विद्याओं को सीखा और पाया कि प्रकृति संज्ञान विद्या से बेहतर समाधान देने वाली कोई अन्य विद्या नहीं । जिसका कारण यह है कि इसका सिद्धांत पूर्णतः प्राकृतिक है । तात्पर्य इस विद्या में प्रश्नों का उत्तर निकालने में आप सिर्फ एक क्रिया का माध्यम है बाकी उत्तर चयन करने का का कार्य प्रकृति का है । हर तरह की संज्ञान विद्या में एक महत्वपूर्ण संकल्प और विश्वास कार्य करता है । जैसे प्रश्न कुंडली से प्रश्न का उत्तर निकालने वाला संकल्प करता है कि उसे वर्तमान कुंडली के लग्न नामक घर (पहले घर) से ही पहले प्रश्न का उत्तर समझना है । टैरो कार्ड विशेषज्ञ भी कार्ड के चयन से पहले कार्ड को अच्छी तरह से फेंट लेता है और चयन से पहले कार्ड को उल्टा कर देता है जिससे कोई प्रश्नकर्ता उसे देख न सके ।

Principle of Nature prediction Cards:

Although many methods of finding answers to questions have become popular in this world. I learned many disciplines and found that there is no other discipline that provides better solutions than nature cognition. The reason for which is that its principle is completely natural. Meaning, in this knowledge, you are only a medium of action in finding out the answers to the questions, the rest is the work of nature to select the answer. In every type of cognition, determination and belief play an important role. For example, the one who finds the answer to the question from the Prashna Kundli resolves that he has to understand the answer to the question first from the house called Lagna (first house) of the present horoscope. The Tarot card specialist also shuffles the cards thoroughly before selecting a card and turns the card upside down before making the selection so that no questioner can see it.

सिद्धांत एक : प्रकृति संज्ञान काड्र्स में एक कार्ड का प्राकृतिक रूप से चयन ।

प्रकृति संज्ञान पत्रक में कुल सौ काड्र्स हैं । श्रीमदभगवतगीता के अनुसार इस विश्वपटल पर सकारात्मक और नकारात्मक ऊर्जा समान रूप से हैं उसी प्रकार प्रकृति संज्ञान विषयों में प्रकृति चक्र और विपरीत प्रकृति चक्र समान रूप में मौजूद हैं । प्रतिशत का अधिकतम अंक सौ होता है इसलिए यहाँ दोनों तरह के चक्रों को मिलकर कुल सौ काड्र्स हैं । इन सौ काड्र्स में एक का चयन करने के लिए आपको इन्हें फेंटकर चुनना होगा किन्तु वर्तमान में मेरे शोध के अनुसार स्टॉपवाच का प्रयोग सबसे उत्कृष्ट है । सभी पत्रकों का एक क्रम निधारित है । स्टॉपवाच में एक सुई सेकेंड के सौवें भाग के अनुसार चलती है ।

प्रश्नकर्ता के सामने बैठने पर आप उसे स्टॉपवाच दे दें और उसे चालू करने को कहें या स्वयं स्टॉपवाच चलाएं । एक संकल्प दोहराएं – हे देवी प्रकृति – मुझे आपपर पूर्ण विश्वास है कि स्टॉपवाच जिस अंक पर रुकेगा वह कार्ड क्रम ही प्रश्न का उत्तर होगा । स्टॉपवाच के रुकने पर सेंकेंड के सौवें भाग की सुई जिसपर रुकेगी उसी नंबर के कार्ड को प्रश्न का उत्तर माना जाएगा । इस प्रकार के संकल्प के बाद स्टॉपवाच को किसी भी समय रोकें । सेकेंड के सौवें भाग की सुई जिस अंक पर रुके आप उस अंक का कार्ड निकाल लें और उत्तर को समझें और उसका भावार्थ करें ।

Principle One: Natural Selection of a Card in Nature prediction Cards.

There are a total of hundred cards in the Nature prediction card set . According to Shrimad Bhagwat Geeta, positive and negative energies are equally present on this universe, similarly in the subjects of knowledge of nature, the cycles of nature and opposite cycles of nature are present in equal form. The maximum number of percentage is 100, hence there are a total of 100 cards in both types of Chakras together. To choose one among these hundred cards, you will have to shuffle them but currently according to my research the best option is to use a stopwatch. There is a fixed order for all the sheets. A needle in a stopwatch moves according to one hundredth of a second.

When you sit in front of the questioner, give him the stopwatch and ask him to start it or start the stopwatch yourself. Repeat a resolution – Oh Goddess Nature – I have full faith in you that the card sequence at which the stopwatch will stop will be the answer to the question. When the stopwatch stops, the card of the same number on which the needle stops at one hundredth of a second will be considered as the answer to the question. Stop the stopwatch at any time after this type of resolution. Take out the card of the number on which the needle stops at one hundredth of a second and understand the answer and interpret it.

कार्ड चुनने की षट पत्र विधि : प्राचीन काल अधिकतर विद्वानों को ऐसा लगता था कि जीवन में अनेकों विषय होते हैं इसलिए सिर्फ एक कार्ड सबकुछ नहीं कह सकता । काड्र्स को फेंटकर अथवा स्टॉपवाच को छह बार चलाकर कुल छह काड्र्स निकालें और षटचक्र के सभी बाहरी गोलों पर रखें । फिर आगे आप एक से छह नंबर तक वाले पाँसे को फेंकें । पाँसे द्वारा आए नंबर के अनूसर कार्ड को चुन लें । षटचक्र में रखे छह कार्ड से उस व्यक्ति के जीवन का संबंध है जिसके संबंध में प्रश्न किया गया है । नीचे के चित्र में षटचक्र है । षटचक्र में छह गोले हैं जिसमें प्रत्येक गोले में एक से छह तक अंक लिखे हैं । एक के बाद जिस क्रम में छह कार्ड निकले उसी क्रम के गोले में इसे रखते जाएं ।

Six-card method of choosing cards: In ancient times, most of the scholars felt that there are many topics in life, hence just one card cannot say everything. By shuffling the cards or running the stopwatch six times, draw a total of six cards and place them on all the outer circles of the hexagram. Then you throw the dice with numbers one to six. Select the card according to the number shown by the dice. The six cards placed in the Shatchakra relate to the life of the person in respect of whom the question has been asked. There is a Shatchakra in the picture below. There are six spheres in Shatchakra in which numbers from one to six are written in each sphere. Keep placing them in the circle in the order in which six cards are drawn one after the other.

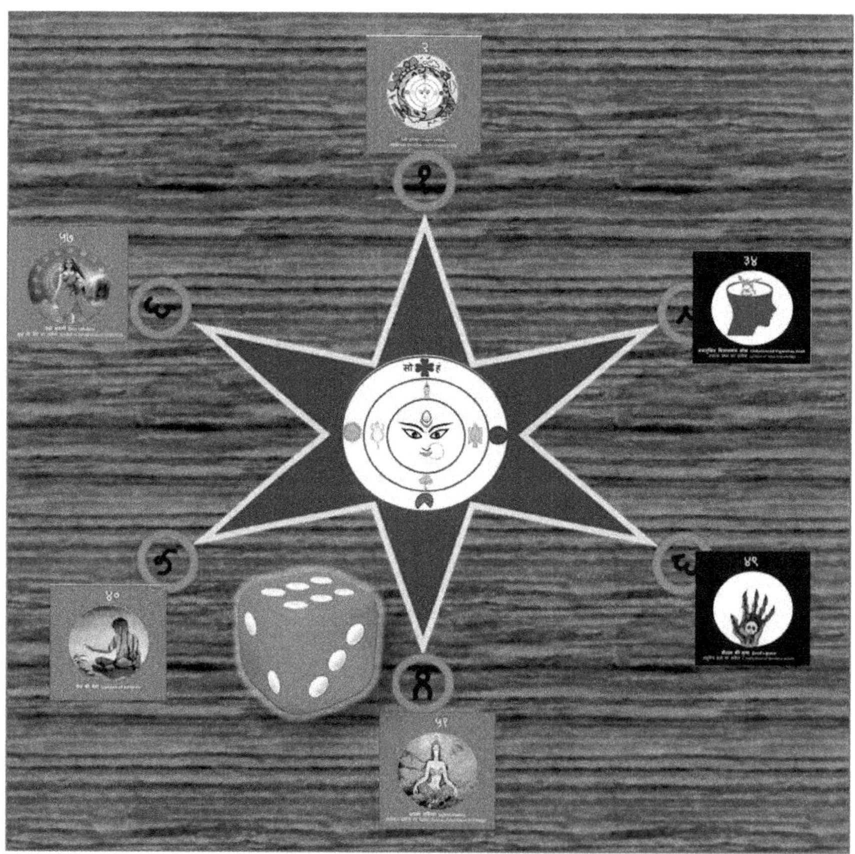

प्रकृति संज्ञान षट पत्र हेतु बोर्ड Board for Six-card method

सिद्धांत दो : कार्ड के क्रमों के जोड़ से समाधान का विशिष्ट द्वार जाने ।

यहाँ स्टॉपवाच के अनुसार प्रश्न का उत्तर प्राप्त हुआ और समस्या से मुक्त होने का कुछ मार्ग मिला किन्तु वास्तव में पूर्ण समाधान अभी अधूरा है । सभी कार्ड पर कुछ क्रम लिखे हैं । आप क्रमों का आपस में जोड़ें । जैसे 9 क्रम के कार्ड का योग हुआ 0+9=9 , क्रम 15 के कार्ड का योग हुआ 1+5=6 , क्रम 65 के कार्ड का योग हुआ 6+5=11 तो इसे पुनः योग करें – 1+1=2 । इस प्रकार इन अंकों को आपस में तबतक जोड़ें जबतक एकल अंक न प्राप्त हो जाए ।

एकल अंक प्राप्त होने के बाद अध्याय तीन “नौ दंड समाधान विद्या” को देखें । “नौ दंड समाधान विद्या” के द्वारा समाधान प्राप्त करने का विशेष नियम और साधना है । यदि कोई “नौ दंड समाधान विद्या” को प्राप्त करना चाहता है तभी आगे बढ़ें अन्यथा

प्रकृति संज्ञान कार्ड के अनुसार ही जिज्ञासु को उत्तर और संतुष्टि प्रदान करें ।

Principle Two: Find the specific door to the solution by combining the sequences of cards.

Here the answer to the question according to the stopwatch was found and some way to get rid of the problem was found, but in reality the complete solution is still incomplete. Some sequences are written on all the cards. You add the sequences together. For example, the sum of cards of order 9 is 0+9=9, the sum of cards of order 15 is 1+5=6, the sum of cards of order 65 is 6+5=11, then sum it again – 1+1=2. . In this way, add these digits together until a single digit is obtained.

After getting single score, see Chapter 3 “Nine Stick Solution Knowladge”. There is a special rule and practice to get solution through Nine Stick Solution Knowladge If one wants to attain “Nine Stick Solution Knowladge” then proceed only otherwise.

Provide answers and satisfaction to the aspirant as per the nature cognition card.

<u>प्रकृति संज्ञान विद्या :1 Nature Cognition Vidya : 1</u>

<u>प्रकृति संज्ञान पत्र : Nature Prediction Card</u>

1. देवी सुषमा का पुतला : ब्रहमा ने ब्रहमांड के निर्माण के बाद पृथ्वी को जीवन निर्माण के लिए चुना । ब्रहमा ने देवी सुषमा के पुतले को बनाया और उसमें दैवीय प्राण का संचार किया । प्रश्नकर्ता के लिए यदि प्रकृति ने कार्ड नंबर एक का चयन किया है तो उसका तात्पर्य है कि जल्द ही किसी शुभ कार्य का प्रारंभ होगा ।

1. Effigy of Goddess Sushma: After the creation of the universe, Brahma chose the earth for the creation of life. Brahma made the effigy of Goddess Sushma and infused divine life into it. For the questioner, if nature has selected card number one, it means that some auspicious work will start soon.

2. देवी सुषमा : देवी सुषमा ब्रहमा ने जीवन निर्माण की शक्ति प्रदान की और देवी सुषमा ने पृथ्वी पर कदम रखा । देवी सुषमा ने विभिन्न जीवधारियों और वनस्पतियों के पुतले बनाए और उनमें प्राण का संचार करके पृथ्वी पर जीवन का आरंभ किया । देवी सुषमा ने प्रकृति चक्र

को बनाया और सभी जीवों को उनका कर्म प्रदान किया। प्रश्नकर्ता के लिए यदि प्रकृति ने कार्ड नंबर दो का चयन किया है तो इसका तात्पर्य है कि जिसके संबंध में प्रश्न है वह प्रकृति चक्र से पृथक हो रहा है और उसे प्रकृति चक्र मे पुनः प्रवेश करना चाहिए।

Goddess Sushma: Goddess Sushma Brahma provided the power to create life and Goddess Sushma stepped on the earth. Goddess Sushma created effigies of various animals and plants and started life on earth by infusing life into them. Goddess Sushma created the cycle of nature and provided their karma to all living beings. For the questioner, if nature has selected card number two, it means that the person in question is being separated from the cycle of nature and must re-enter the cycle of nature.

3. प्रकृति : देवी प्रकृति द्वारा बनाई गई रचना अपने आप में स्वतः समृद्ध होती है। प्रकृति ने कार्ड नंबर तीन का चयन किया है तो उसका तात्पर्य है कि जिसके संबंध में प्रश्न है उसको धैर्य रखना चाहिए इससे वह स्वतः समृद्ध होगा।

3. Nature: The creation created by Goddess Nature is automatically prosperous. If nature has selected card number three, it means that the person in question should be patient, this will automatically make him prosperous.

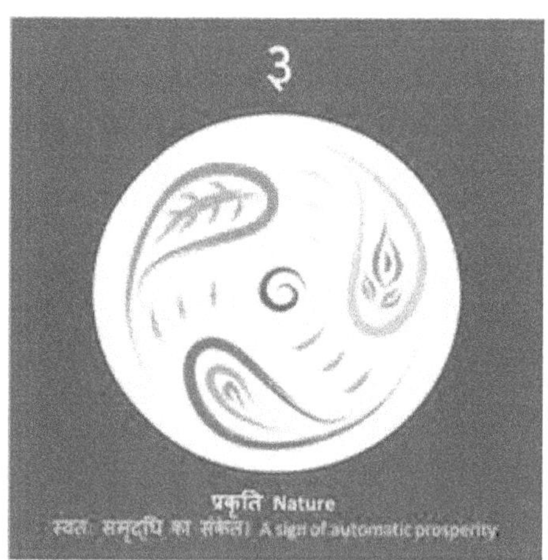

4. असुरों का पुतला effigy of demons : ब्रह्मा ने देवी सुषमा के आने से पहले भूलवश तीन पुतलों का निर्माण किया। यह पुतले चार तत्व पृथ्वी तत्व, जल तत्व, अग्नि तत्व और वायु तत्व के थे। आकाश तत्व न होने के कारण जब ब्रह्मा ने इन पुतलों में प्राण का संचार किया तब ये असुरीय गुणों से युक्त थे। प्रश्नकर्ता के लिए यदि प्रकृति ने कार्ड नंबर चार का चयन किया है तो इसका तात्पर्य है कि जिसके संबंध में प्रश्न है उसे सावधान रहना चाहिए क्योंकि भविष्य में उसके द्वारा किसी अशुभ कार्य होने का संकेत है।

4. Effigy of demons: Brahma created three effigies by mistake before the arrival of Goddess Sushma. These effigies belonged to the four elements: earth element, water element, fire element and air element. Due to absence of sky element, when Brahma infused life into these effigies, they were endowed with demonic qualities. If nature has selected card number four for the questioner, it means that the person in respect of whom the question is being raised should be careful because it is a sign of some inauspicious work being done by him in the future.

5. जन्तु जीवन: देवी सुषमा ने जीवधारी बनाए और प्रकृति चक्र को संतुलित किया। जिज्ञासु के लिए यदि प्रकृति ने कार्ड नंबर पाँच का चयन किया है तो उसका तात्पर्य है किजिज्ञासु को स्वयं का समाज संबंध समृद्ध करना चाहिए।

5. Animals life: Goddess Sushma created living beings and balanced the cycle of nature. If nature has selected card number five for a curious person, then it means that the curious person should enrich his own social relations.

6. माया और मानासुर : देवी सुषमा की दत्तक पुत्री असुर सम्राट मानासुर के प्रेम जाल में फंस जाती है और दोनों विवाह करते हैं। माया और मानासुर ने पृथ्वी और पीढ़ियान ग्रह पर असुर साम्राज्य विकसित करना चाहा। प्रकृति ने कार्ड नंबर छह का चयन किया है तो इसका तात्पर्य है कि जिसके संबंध में प्रश्न है वह प्रकृति चक्र से पृथक हो गया इसलिए उसे समस्या का सामना करना पड़ रहा।

6. Maya and Manasura: The adopted daughter of Goddess Sushma gets trapped in the love trap of demon king Manasura and both get married. Maya and Manasura wanted to develop the Asura Empire on Earth and the planet Pidhiyan. If nature has selected card number six, it means that the person in question has become separated from the cycle of nature, hence he is facing problems.

7. मुनरो की जीवन अग्नि : ऋषि कुल की संतान मुनरो किशोरावस्था में अधिक चंचल था। मुनरो के पिता ने मुनरो की उद्दंडता पर उसे रात्रि में घर से बाहर व्यतीत करने का दंड दिया। रात्रि की ठंड में मुनरो ने पत्थरों को चारों तरफ से रखकर स्वयं को सुरक्षित किया और पत्थरों से क्रीडा करने लगा। दो पत्थरों के आपस में रगड़ खाने से अग्नि की ज्वाला उठी। मुनरो ने अग्नि के साथ क्रीडा की और उसे ज्ञात हुआ कि यह अग्नि लकड़ियों और सूखे घास के तिनके से अधिक समय तक प्रज्वलित रहती है। मुनरो ने जाना कि यह अग्नि ठंढक में गर्मी देती है। बाद में अग्नि के प्रयोग से मानव भोजन को पकाने लगा इसलिए यह अग्नि जीवन अग्नि कहलाई। यदि प्रकृति ने कार्ड नंबर सात का चयन किया है तो इसका तात्पर्य है कि जिसके संबंध में प्रश्न है उसे समाज से लाभ प्राप्त होने वाला है।

7. Munro's fire of life: Munro, a child of the Rishi family, was more playful in his adolescence. Munro's father punished Munro for his insolence by making him spend the night outside the house. In the cold of the night, Munro protected himself by placing stones around him and started playing with the stones. The flame of fire arose due to the rubbing of two stones against each other. Munro played with fire and came to know that this fire remains burning longer than sticks and dry grass blades. Munro learned that this fire provides warmth in the cold. Later, humans started cooking food with the use of fire, hence this fire was called the fire of life. If nature has selected card number seven, it means that the person in question is going to receive benefits from the society.

8. शाकाहारी डायनासोर : मानवों की उत्पत्ति से हजारों वर्ष पूर्व डायनासोर्स का अस्तित्व था। सुषमा पुराण में कथा है कि जब देवी सुषमा जीवधारियों में प्राण का संचार कर रही थी तब देवी ने शाकाहारी डायनासोर की कुछ प्रतिमाएं बनाई। असुर सम्राट तमराज उसी समय एक रात्रि चुपके से पृथ्वी पर आया और उसने निर्जीव प्रतिमाओं को देखा। असुर सम्राट तमराज ने कुछ शाकाहारी डायनासोर की प्रतिमाओं के भीतर बुभुक्षा नामक नकारात्मक ऊर्जा का संचार किया। जब देवी सुषमा ने इन प्रतिमाओं को जीवित किया तब ये डायनासोर हमेशा भूखे रहने के कारण वनों को अपना आहार बनाकर नष्ट करने लगे। यदि प्रकृति ने कार्ड नंबर आठ का चयन किया है तो इसका तात्पर्य है कि जिसके संबंध में प्रश्न है उसके जीवन में हानि का आगमन हो रहा है।

8. Vegetarian Dinosaurs: Dinosaurs existed thousands of years before the origin of humans. There is a story in Sushma Purana that when Goddess Sushma was infusing life into living beings, the Goddess created some statues of vegetarian dinosaurs. At that very time, one night the demon king Tamraj came to earth secretly and saw the lifeless statues. The demon king Tamraj infused negative energy called Bubhuksha within the statues of some herbivorous dinosaurs. When Goddess Sushma brought these statues back to life, these dinosaurs, being always hungry, started destroying the forests as their food. If nature has selected card number eight, it means that loss is coming in the life of the person in question.

9. मांसाहारी डायनासोर : असुर तमराज ने कुछ शाकाहारी डायनासोर के भीतर बुभुक्षा नामक नकारात्मक ऊर्जा भरी । अन्य शेष डायनासोर की प्रतिमाओं को छेड़कर उसने उसे हिंसक स्वरूप की तरह गढ़ कर मांसाहारी बना दिया । जब देवी सुषमा ने इन प्रतिमाओं में जीवन का संचार किया तब ये सभी हिंसक डायनासोर ने प्रकृति के जीवधारियों को अपना शिकार बनाना प्रारंभ किया और सम्पूर्ण पृथ्वी पर डायनासोर का साम्राज्य कायम हो गया । प्रश्नकर्ता के लिए यदि प्रकृति ने कार्ड नंबर नौ का चयन किया है तो इसका तात्पर्य है कि किसी एक समुदाय का अंत होने वाला है अथवा कोई हिंसा का शिकार होने वाला है ।

9. Carnivorous Dinosaurs: Asura Tamraj filled negative energy called Bubhuksha inside some herbivorous dinosaurs. By tampering with the statues of other remaining dinosaurs, he made him carnivorous by sculpting him into a violent form. When Goddess Sushma infused life into these statues, all these predatory dinosaurs started hunting the creatures of nature and the dinosaur empire was established on the entire earth. For the questioner, if nature has selected the card number nine, it means that a community is going to be destroyed or someone is going to be a victim of violence.

10. मुनरो की मारक आग्नि: ऋषि कुल के मुनरो ने अग्नि की खोज की और गुप्त रखा किन्तु एक दिन नरकुल के एक परिवार ने मुनरो के परिवार की सुंदर गुफा में अपना कब्जा जमा लिया और उसके परिवार के सदस्यों को बाहर खदेड़ दिया। इस घटना से मुनरो को क्रोध आया और उसने अग्नि से नरकुल पर आक्रमण किया। अग्नि की शक्ति से मुनरो ने साम्राज्य स्थापित किया और पुनः नरकुलों को साथ जोड़ा किन्तु कुछ समय बाद जब अग्नि की विद्या अन्य लोगों को ज्ञात हो गई तब महत्वाकांक्षी लोगों ने अग्नि का प्रयोग युद्धों के लिए प्रारंभ कर दिया। युद्धों में अग्नि से घर और शत्रु को भष्म कर दिया जाता था इसलिए इस हिंसक अग्नि को मुनरो की 'मारक अग्नि' ने नाम से भी जाना गया। यदि प्रकृति ने कार्ड नंबर नौ का चयन किया है तो इसका तात्पर्य है कि समाज में किसी अनिष्ट का संकेत है।

10. Munro's killer fire' : Munro of Rishi clan discovered fire and kept it secret but one day a family of Narkul captured the beautiful cave of Munro's family and chased his family members out. This incident enraged Munro and he attacked Narkul with fire. With the power of fire, Munro established the empire and again united the Narkuls, but after some time, when the knowledge of fire became known to other people, then ambitious people started using fire for wars. In wars, houses and enemies were destroyed by fire, hence this violent fire was also known by the name Munro's 'killer fire'. If nature has selected card number nine then it means that there is a sign of some evil in the society.

11. ऋषि कुल : मानासुर और माया के विवाह के बाद मानासुर माया को पृथ्वी पर छोड़कर तमलोक वापस चला गया। माया ने एक पुत्र नर और पुत्री नारी को जन्म दिया। देवी सुषमा को पहले से ज्ञात था कि यह सभी चार तत्वों से निर्मित असुर मानासुर और माया की संताने होगी जिसके कारण इनके वंशज प्रकृति विध्वंस का कार्य कर सकते हैं। भविष्य में दृष्टिगोचर होने वाले इस असंतुलन को संतुलन में परिवर्तित करने के लिए देवी सुषमा ने एक युवा और एक युवती के पुतले का निर्माण किया और उसमें प्राण का संचार किया। देवी ने युवा का नाम ऋषि और युवती का नाम रखा देव प्रकृति। माया ने भी एक पुत्र और एक पुत्री को जन्म दिया। देवी सुषमा ने संतुलन के लिए ऋषि का विवाह नारी से किया और नर का विवाह देव प्रकृति से किया। देवी सुषमा ने ऋषि कुल और नरकुल की संतानों के आपसी विवाह की परंपरा बनाई जिससे संतुलन कायम हो सके। यदि प्रकृति ने कार्ड नंबर ग्यारह का चयन किया है तो इसका तात्पर्य है कि जिसके संबंध में प्रश्न है वह अब श्रेष्ठ ज्ञान की दिशा में कदम रखेगा अथवा उसे ज्ञान और विज्ञान का मार्ग चुनना चाहिए।

11. Rishi clan: After the marriage of Manasura and Maya, Manasura left Maya on earth and went back to Tamlok. Maya gave birth to a male son and a female daughter. Goddess Sushma already knew that these would be the children of the demons Manasura and Maya, created from all the four elements, due to which their descendants could do the work of destruction of nature. To convert this imbalance into balance, which would be visible in the future, Goddess Sushma created the effigy of a young man and a young woman and infused life into it. The goddess named the young man Rishi and the girl named Dev Prakriti. Maya also gave birth to a son and a daughter. To balance the situation, Goddess Sushma married the sage to a Nari and married the Nara to Dev Prakriti . Goddess Sushma created a tradition of mutual marriage between the children of Rishi clan and Narkul so that balance could be maintained. If nature has selected card number eleven, it means that the person in question will now step in the direction of better knowledge or should choose the path of knowledge and science.

12. मुनरो का साम्राज्य: मुनरो ने अग्नि की विद्या ज्ञात होने के बाद नरकुलों और ऋषि कुलों को मिलाकर एक साम्राज्य बनाया । यह पृथ्वी पर मानव जीवन का पहला साम्राज्य था । मुनरो ने अपनी प्रजा में प्रकृति की उपासना की परंपरा स्थापित करके प्रजा को प्रकृति प्रेमी और धार्मिक बनाया । यदि प्रकृति ने कार्ड नंबर बारह का चयन किया है तो इसका तात्पर्य है कि जिसके संबंध में प्रश्न है वह साम्राज्य में धर्म की स्थापना का प्रयास करना चाहिए अथवा उसके प्रयास से समाज में शीघ्र धर्म का उदय होगा ।

12. Munro's Empire: After knowing the knowledge of fire, Munro created an empire by combining the Narkuls and Rishi clans. This was the first empire of human life on earth. Munro established the tradition of worshiping nature among his subjects and made them nature lovers and religious. If nature has selected card number twelve, it means that the person in question should try to establish religion in the empire or his efforts will soon lead to the rise of religion in the society.

13. तेरहान साम्राज्य: जब अन्य कुछ मानवों तक अग्नि की विद्या ज्ञात हो गई तब कुछ हिंसक लोग अग्नि का प्रयोग हिंसा में करके निर्धन लोगों को भयभीत करने लगे । मुनरो ने एक सभा बुलाकर इस दुष्प्रवृति का असमर्थन किया और कहा कि जो सरदार मेरे साम्राज्य को अस्वीकारते हैं वे उसके बाईं तरफ खड़े हो जाएं । तेरह कबीले के मुनरो के बाईं तरफ खड़े हो गए बाकी एक सौ पचास सरदार मुनरो के पक्ष में खड़े हुए । मुनरो ने तेरह सरदारों को उनके साम्राज्य से बहुत दूर बस जाने की आज्ञा दी । ये तेरह सरदार अपने परिवारों के साथ भारत और अफ्रीका के मध्य विशाल रेगिस्तान में बस गए। रेगिस्तान में वनस्पति की कमी के कारण वे मांसाहारी बन गए और समुद्री डाकू के रूप में प्रख्यात हुए । यह अधर्मी साम्राज्य हिंसक तेरहान के नाम से जाना गया । प्रश्नकर्ता के लिए यदि प्रकृति ने कार्ड नंबर तेरह का चयन किया है तो इसका तात्पर्य है कि समस्या अधर्मी साम्राज्य के कारण उत्पन्न हो रही ।

13. Terhan Empire: When the knowledge of fire became known to some other humans, then some violent people started terrorizing the poor people by using fire in violence. Munro called a meeting and protested against this evil trend and said that the chieftains who reject my empire should stand on its left side. Thirteen clans stood on Munro's left side and the remaining 150 chieftains stood on Munro's side. Munro ordered thirteen chieftains to settle far away from his empire. These thirteen chieftains settled with their families in the vast desert between India and Africa. Due to lack of vegetation in the desert, they became carnivorous and became famous as pirates. This unrighteous empire came to be known as violent Terhan. For the questioner, if nature has selected card number thirteen, it means that the problem is arising due to the unrighteous empire.

तेरहान सामाज्य Terahan Empire
अधर्मी सामाज्य का प्रतीक. Symbol of unrighteous empire

14. नरकुल : असुर मानासुर और माया की संताने नरकुल के नाम से जानी गई। देवी सुषमा को भय था कि असुर की संताने उनकी कृति को नष्ट न कर दें इसलिए उन्होंने ऋषि कुल को उत्पन्न किया और पारस्परिक विवाह से संतुलन का प्रयास किया। किन्तु नरकुल के वंश लालच और महत्वाकांक्षा से ग्रसित होने के कारण युद्ध करते गए। समाज में दो प्रकार के मानव दृष्टिगोचर होने लगे। एक मानव जिसे प्रकृति को बचाने की चिंता थी तो दूसरा मानव जिसे सिर्फ अपने संग्रह, सुविधा और भोग के लिए प्रकृति की क्षति करनी थी। कलियुग में प्रकृति प्रेमी मनुष्य 'देव मानव ' और प्रकृति की हानि करने वाले मनुष्य 'असुर मानव ' कहलाये। मानव में महत्वाकांक्षा उत्पन्न करने का श्रेय नरकुलों को जाता है इसलिए नरकुल को देवी सुषमा के अनुसार अन्यायी माना गया। यदि प्रकृति ने कार्ड नंबर चौदह का चयन किया है तो इसका तात्पर्य है कि प्रश्नकर्ता का जिसके प्रति प्रश्न है वह भोग विलास के कारण समस्या के जाल में फंसा है अथवा फंस सकता है।

14. Narakul : The child of demon Manasura and Maya was known as Narakul. Goddess Sushma was afraid that the children of Asura might destroy her creation, hence she created the Rishi clan and tried to balance it through mutual marriage. But Narkul's descendants continued to fight due to greed and ambition. Two types of human beings started becoming visible in the society. One human being was concerned about saving nature and the other human being was concerned about destroying nature only for his own collection, convenience and enjoyment. In Kaliyuga, a person who loves nature will be called 'God human' and a person who harms nature will be called 'Demon human'. The credit for creating ambition in humans goes to Narkul, hence Narkul was considered unjust according to Goddess Sushma. If nature has selected card number fourteen, it means that the person about whom the questioner is in question is or may be trapped in the web of problems due to luxury.

नरकुल Nara Clane
ऐश आराम का प्रतीक Symbol of luxury and comfort

15. नर-नारायण : मुनरो ने देवी सुषमा को प्रसन्न किया। मुनरो ने पृथ्वी पर बार-बार अपने जन्म का और प्रत्येक जन्म में उत्कृष्ट कार्य का आशीर्वाद मांगा। देवी सुषमा ने मुनरो पर प्रसन्न होकर उसे आशीर्वाद दिया। एक समय पृथ्वी पर दंभोंदव नामक असुर ने उत्पात मचा दिया तब नारायण नाम के विष्णु के अवतार के साथ नर नाम के मुनरो का भी पुनर्जन्म हुआ। नर और नारायण ने शिव की तपस्या से दंभोंदव को परास्त करने का आशीर्वाद प्राप्त किया और दंभोंदव को मार दिया। प्रकृति ने कार्ड नंबर पंद्रह का चयन किया है तो इसका तात्पर्य है किजिसके संबंध में प्रश्न है उसके जीवन सुरक्षा के लिए दिव्य शक्ति कार्य कर रही है।

15. Nar-Narayan: Munro pleased Goddess Sushma. Munro repeatedly sought blessings for his birth on earth and for excellent work in each birth. Goddess Sushma was pleased with Munro and blessed him. Once a demon named Dambhondav created havoc on the earth, then along with the incarnation of Vishnu named Narayan, Munro named Nar was also reborn. Nara and Narayana obtained the blessings of defeating Dambhondava by the penance of Shiva and killed Dambhondava. If nature has selected card number fifteen, it means that divine power is working for the safety of the life of the person in question.

नर-नारायण Nara-Narayana
जीवन सुरक्षा का प्रतीक Symbol of life safety.

16. असुर दंभोंदव : असुर सम्राट तमराज ने असुर दंभोंदव को पृथ्वी पर जीवन अंत के लिए भेजा। दंभोंदव के उपद्रव से पृथ्वी के जीव भयभीत हो गए और असंख्यों जीव मारे गए। प्रश्नकर्ता के लिए यदि प्रकृति ने कार्ड नंबर सोलह का चयन किया है तो यह जीवन भय का प्रतीक है।

16. Demon Dambhondav: Demon Emperor Tamraj sent Asur Dambhondav to end life on earth. Due to the disturbance of Dambhondava, the creatures of the earth got frightened and innumerable creatures were killed. For the questioner, if nature has selected the card number sixteen, then it is a symbol of fear of life.

17. तेरहान डाकुओं का जहाज: रेगिस्तान में बस गए तेरहान ने अपने साम्राज्य की स्थापना की किन्तु रेगिस्तान में जीवन अत्यंत दुर्गम था। तेरहान पहले से ही दुर्गुणी थे। तेरहान कुल ने समुद्र में ऋषिकुलों और नरकुलों की जहाजों को लूटने का कार्य चुना। समुद्र की यात्रा करते लोग और व्यापारी दूर से तेरहान के जहाज को देखकर भयभीत और सावधान हो जाते थे। यदि प्रकृति ने कार्ड नंबर सत्रह का चयन किया है तो इसका तात्पर्य यह है कि आने वाले समय में हानि के संकट का सामना करना पड़ेगा।

17. Terhan Pirates' Ship: Terhan settled in the desert and established his empire but life in the desert was very difficult. Terhan was already a bad person. Terhan clan chose the task of plundering the ships of Rishi clan and Narkula's in the sea. People and traders traveling on the sea would become frightened and cautious after seeing Terhan's ship from a distance. If nature has selected card number seventeen, it means that you will have to face the crisis of loss in the future.

18. ऋषि कुल का जहाज : ऋषि कुल का जहाज सुख की आशा का प्रतीक है। ऋषि कुल के लोग ज्ञान का प्रचार और व्यापार करने के लिए समुद्र की यात्रा करते थे। ऋषि कुल का जहाज जिस किनारे पर उतरता वहाँ के निर्धन लोगों को आवश्यक समान और औषधियाँ भेंट करता। समुद्र के किनारे जब भी लोग दूर से ऋषि कुल का जहाज देखते तो वे प्रसन्न हो जाते थे। यदि प्रकृति ने कार्ड नंबर अठारह का चयन किया है तो इसका तात्पर्य यह है कि प्रश्नकर्ता ने जिसके संबंध में प्रश्न किया है वह आगामी समय में सुख की प्राप्ति करेगा।

18. Ship of the Rishi clan: The ship of the Rishi clan is a symbol of hope for happiness. People of the Rishi clan used to travel to the sea to spread knowledge and trade. Wherever the ship of the Rishi clan landed, it would offer necessary goods and medicines to the poor people there. Whenever people saw the ship of the Rishi clan from a distance on the sea shore, they became happy. If nature has selected card number eighteen, it means that the person in respect of whom the questioner has asked will attain happiness in the future.

19. शिवायन का अंतरिक्षयान : कलियुग में कल्कि के समय मुनरो ने शिवायन के रूप में जन्म लिया। शिवायन एक वैज्ञानिक था जिसने पिढियान नामक ग्रह को खोजा और वहाँ तक जाने के लिए अंतरिक्ष यान भी बनाया। कलियुग के अंत में प्रकृति के जीवों को बचाने के लिए शिवायन ने बहुत सी वनस्पतियों और जीवों को पिढियान ग्रह में पहुंचाया। यदि प्रकृति ने कार्ड नंबर उन्नीस का चयन किया है तो इसका तात्पर्य यह है कि जिसके विषय में प्रश्न है उसे नई भूमि प्राप्त होने का संकेत है।

19. Shivayan's paceship: Munro was born as Shivayan during the time of Kalki in Kaliyuga. Shivayan was a scientist who discovered a planet called Pidhiyan and also built a spacecraft to reach there. At the end of Kaliyuga, to save the creatures of nature, Shivayan transported many flora and fauna to the planet Pidhiyan. If nature has selected card number nineteen then it means that the person in question will receive a new land.

20. पिढियान ग्रह : महायुद्ध के बाद शिवायन ने 'देव मानवों' के अनेकों परिवार को पिढियान ग्रह में पहुंचा कर एक नगर बनाया और सभी को घर प्रदान किया। प्रश्नकर्ता के लिए यदि प्रकृति ने कार्ड नंबर बीस का चयन किया है तो इसका तात्पर्य यह है कि जिसके संबंध में प्रश्न है वह सही दिशा को प्राप्त करेगा।

20. Pidhiyan planet: After the great war, Shivayan sent many families of 'god-humans' to Pidhiyan planet and built a city and provided houses to everyone. If nature has selected card number twenty for the questioner, it means that the person in respect of whom the question is asked will achieve the right direction.

21. ऋषिकुल यज्ञ : ऋषि कुल के समाज ने यज्ञ की परंपरा प्रारंभ की। यज्ञ के माध्यम से देवी- देवताओं को आहुति देकर उन्हें प्रसन्न किया जाता था । यज्ञ से निकालने वाला धुआँ वातावरण को शुद्ध करता है एवं असुरीय शक्तियों को दूर भगाता है । प्रश्नकर्ता के लिए यदि प्रकृति ने कार्ड नंबर इक्कीस का चयन किया है तो यह एक शुभ संकेत है ।

21. Rishi clan Yagya: The Rishi clan society started the tradition of Yagya. Gods and Goddesses were pleased by offering sacrifices to them through Yagya. The smoke emitted from the Yagya purifies the environment and drives away demonic powers. If nature has selected card number twenty-one for the questioner, then it is an auspicious sign.

22. असुर मानवों का अंतरिक्षयान : कलियुग में महायुद्ध में असुर मानवों की पराजय हुई बचे हुए असुर मानवों ने शिवायन का एक अंतरिक्ष यान चोरी कर लिया और एक अन्य ग्रह की तरफ पलायन कर गए । प्रश्नकर्ता के लिए यदि प्रकृति ने कार्ड नंबर बाईस का चयन किया है तो जिसके संबंध में प्रश्न है उसके वस्तुओं के चोरी होने का संकेत है ।

22. Spaceship of Asur humans : In Kaliyuga, Asur humans were defeated in the great war. The remaining Asur humans stole a spaceship of Shivayan and migrated to another planet. If nature has selected card number twenty-two for the questioner, then it is a sign of theft of the belongings of the person in question.

असुर मानवों का अंतरिक्षयान The spaceship of demon humans.
चोरी होने का संकेत । Sign of theft.

23. तमराज का उपग्रह : देवताओं से छिपने के लिए असुर सम्राट तमराज ने एक अंधेरे उपग्रह में अपना साम्राज्य बनाया । यह स्थान तमलोक के नाम से प्रसिद्ध हुआ । यदि प्रकृति ने कार्ड नंबर तेईस का चयन किया है तो यह गलत दिशा की तरफ उन्मुख होने का संकेत है ।

23. Tamraj's Satellite: To hide from the gods, the demon emperor Tamraj built his empire in a dark satellite. This place became famous by the name of Tamlok. If nature has selected card number twenty-three then it is a sign of being oriented towards the wrong direction.

तमराज का उपग्रह Planetoid of Tamraj
गलत दिशा का संकेत । Sign of wrong direction.

24. अमृतवर्षा : पिढियान ग्रह पर असुर युवराज मानासुर ने कब्जा करना चाहा इसलिए एक भीषण युद्ध हुआ । युद्ध के बाद मृत और घायल 'देव मानवों' पर देवी सुषमा ने अमृत वर्षा की जिससे सब पुनः जीवित हो गए । यदि प्रकृति ने कार्ड नंबर चौबीस का चयन किया है तो यह स्वास्थ्य लाभ का संकेत है ।

24. Nectar Rain : Demon Prince Manasura wanted to capture Pidhiyan planet and hence a fierce war took place. After the war, Goddess Sushma showered nectar on the dead and injured 'god humans' due to which they all came back to life. If nature has selected card number twenty-four then it is a sign of health benefits.

अमृतवर्षा Nectar rain
स्वास्थ्य लाभ का संकेत । Sign of health benefits.

25. तेहरानों की नरबलि परंपरा : रेगिस्तान में बसे तेरहान के लोग मांसाहारी और अहिंसक थे किन्तु वे अतृप्त थे । वे समुद्री जहाजों को लूटकर और रास्ते में मिलने वाले यात्रियों को लूटने लगे और उन्हें बंदी बनाकर उनकी बलि देने लगे । तेरहान कुल के लोग असुर सम्राट तमराज को अपना देवता मानते थे और और उन्हें प्रसन्न करने के लिए मानवों की बलि देते थे । प्रश्नकर्ता के लिए यदि प्रकृति ने कार्ड नंबर पच्चीस का चयन किया है तो यह संकट का अशुभ संकेत है ।

25. Human sacrifice tradition of Tehrans: The people of Tehran settled in the desert were non-vegetarian and non-violent but they were unsatisfied. They started plundering sea ships and passengers they met on the way, taking them captive and sacrificing them. The people of the Terhan clan considered the demon king Tamraj as their god and used to sacrifice humans to please him. For the questioner, if nature has selected card number twenty-five, then it is an inauspicious sign of trouble.

तेहरानों की नरबलि परंपरा. Terhan's human sacrifice tradition.
अशुभ संकेत bad sign

26. विष वर्षा : असुर मानवों की भौतिक आविष्कारों और मशीनों के कारण पृथ्वी पर पाताल से लेकर आकाश तक प्रदूषण बढ़ गया । कलियुग के समय दूषित आकाश से होने वाली वर्षा जहरीली होने लगी और पृथ्वी के जीव इसकी चपेट में आकर मरने लगे । प्रश्नकर्ता के लिए यदि प्रकृति ने कार्ड नंबर छब्बीस का चयन किया है तो यह रोग भय रूपी अनिष्ट का संकेत है ।

26. Poison Rain: Due to the physical inventions and machines of demonic humans, pollution increased from the underworld to the sky on earth. At the time of Kaliyuga, the rain falling from the polluted sky started becoming poisonous and the living beings on earth started dying due to its influence. If nature has selected card number twenty-six for the questioner, then it is a sign of evil in the form of disease and fear.

विष वर्षा Poison rain
रोग का संकेत Sign of disease.

27. संतुलित अन्नमय : प्राचीन ऋषियों के अनुसार मनुष्य श्रेणी के पाँच स्तर के अंतर्गत यदि संग्रह, सुविधा और भोग को जिस मनुष्य ने संतुलित किया वह अन्नमय कोश को जीतने वाला उत्कृष्ट मानव माना गया। प्रश्नकर्ता के लिए यदि प्रकृति ने कार्ड नंबर सत्ताईस का चयन किया है तो जीवन में स्थिरता (अडिगता) की शक्ति की समृद्धि को दर्शाता है।

27. Balanced Annamaya: According to the ancient sages, under the five levels of human category, if the person who balanced the collection, convenience and enjoyment is considered an excellent human being, the one who wins the Annamaya Kosha. For the questioner, if nature has selected the card number twenty-seven, then it shows the richness of the power of stability (steadfastness) in life.

संतुलित अन्नमय Balanced Annamaya kosha.
स्थिरता की शक्ति का प्रतीक Symbol of the power of stability

28. असंतुलित अन्नमय कोष : मानवों ने अपनी महत्वाकांक्षा और लालच के कारण संग्रह, सुविधा के लिए गलत कर्म किए और भोग में लिप्त हो गया। ऐसे मानवों का अन्नमय कोष असंतुलित हो गया जिसके कारण जीवन के अंतिम क्षण में वह दुखी और अस्वस्थ रहा। ऐसे मानव के सामने तिमिर चक्र का द्वार खुलने लगता है और लालच वश वह उसमें प्रवेश करने के लिए आकर्षित होने लगता है। यदि प्रकृति ने कार्ड नंबर अट्ठाईस का चयन किया है तो इसका तात्पर्य है कि जीवन में अतिभोग और अस्थिरता व्याप्त होने के कारण समस्याएं उत्पन्न हो रही।

28. Unbalanced Annamaya Kosha: Due to their ambition and greed, human beings did wrong deeds for the sake of accumulation, convenience and indulged in enjoyment. The food stores of such people became unbalanced due to which they remained sad and unwell in the last moments of their lives. The door of Temir Chakra starts opening in front of such a person and due to greed, he starts getting attracted to enter it. If nature has selected card number twenty-eight, it means that problems are arising due to overindulgence and instability in life.

29. असंतुलित प्राणमय कोष : जब मानव अतिभोगी हो जाता है तब उसके सामने तिमिरप्राण चक्र का द्वार खुल जाता है जहां प्रवेश करने पर वह क्रोध, हिंसा, असत्य और घृणित कर्म से उसकी आत्मा दूषित हो जाती है । ऐसे मनुष्य सदैव असंतुलित प्राणमय कोष या तिमिर प्राणमय चक्र में तब तक रहते हैं जब तक उनका प्राण पूर्णतः दूषित नहीं हो जाता उसके बाद ऐसे मानव के सामने तिमिर मनोमय चक्र का द्वार खुल जाता है । यदि प्रकृति ने कार्ड नंबर उन्तीस का चयन किया है तो इसका तात्पर्य है कि जीवन में असुरीय शक्ति की तरफ से प्रेरणा मिल रही अथवा जीवन पापकर्म की तरफ प्रेरित हो रहा है ।

29. Unbalanced Pranamaya Kosha: When a human being becomes overindulgent, then the door of Temirpraana Chakra opens in front of him, where upon entering, his soul gets polluted by anger, violence, untruth and disgusting deeds. Such humans always remain in unbalanced Pranamaya Kosha or Temir Pranamaya Chakra until their Prana gets completely contaminated, after which the door of Temir Manomaya Chakra opens in front of such humans. If nature has selected card number twenty-nine, it means that life is being inspired by demonic powers or life is being inspired towards sinful activities.

30. संतुलित प्राणमय कोश : जब कोई मनुष्य मनुष्यता के अन्नमय कोष स्तरसे विजय प्राप्त कर लेता है तब उसके स्तर का प्राणमय कोष में प्रवेश होता है और ऐसे स्तर पर वह देव मानव की श्रेणी में आ जाता है । प्राणमय कोष वाले देव मानवों में दया, प्रकृति प्रेम, साधारण दिव्य शक्ति का संचार स्वतः प्रारंभ हो जाता है । यदि प्रकृति ने कार्ड नंबर तीस का चयन किया है तो इसका तात्पर्य है कि जिसके संबंध में प्रश्न है उसपर असीम प्राणशक्ति की वर्षा हो रही है ।

30. Balanced Pranamaya Kosha: When a human being conquers the Annamaya Kosha level of humanity, then his level enters the Pranamaya Kosha and at such a level he comes in the category of a God-man. The transmission of kindness, love for nature and simple divine power automatically starts in the human beings having Pranamaya Kosh. If nature has selected the card number thirty, it means that the person in question is being showered with immense life force.

31. असंतुलित मनोमय कोश : जिस मानव अपनी सभी इंद्रियों का अतिभोग प्रारंभ कर दिया और वह उसे ही आनंद समझने लगे तो समझना चाहिए कि वह असंतुलित मनोमय कोष या तिमिर मनोमय चक्र के स्तर पर यात्रा कर रहा। तिमिर मनोमय चक्र पर अकर्मों की सिद्धि के बाद उसके तिमिर विज्ञानमय कोष का द्वार खुलने लगता है। यदि प्रकृति ने कार्ड नंबर इकतीस का चयन किया है तो इसका तात्पर्य है कि जिसके संबंध में प्रश्न है उसकी इंद्रिय नियंत्रण क्षमता शक्तिहीन है।

31. Unbalanced Manomaya Kosha: If a person starts overindulging all his senses and starts considering them as pleasure, then it should be understood that he is traveling at the level of unbalanced Manomaya Kosha or Temir Manomaya Chakra. After the accomplishment of the inactions on the Temir Manomaya Chakra, the door to its Temir Vijnanamaya Kosh starts opening. If nature has selected card number thirty-one, it means that the person in question has powerless control over his senses.

32. संतुलित मनोमय कोश : जिस देव मानव ने अपनी इंद्रियों को वश में कर लिया है और वर्षों इसी प्रकार जीवन व्यतीत किया है तब उसके लिए विज्ञानमय कोष का द्वार खुलने लगता है। यदि प्रकृति ने कार्ड नंबर बत्तीस का चयन किया है तो इसका तात्पर्य है कि जिसके संबंध में प्रश्न है उसे उसने मनोमय कोष की साधना के लिए अपनी इंद्रियों पर नियंत्रण का अभ्यास करना चाहिए। वह अवश्य सफल होगा।

32. Balanced Manomaya Kosha: The door of Vijnanamaya Kosha starts opening for the divine human who has controlled his senses and has lived his life in this manner for years. If nature has selected card number thirty-two, it means that the person in question should practice control over his senses for the cultivation of Manomaya Kosha. He will definitely succeed.

33. संतुलित विज्ञानमय कोश : जो देव मानव अपनी सभी इंद्रियों को सिद्‌ध कर ले उसके लिए विज्ञानमय कोष का द्‌वार खुल जाता है और वह उसमें प्रवेश कर जाता है। ऐसे देव मानवों को समस्त सृष्टि और तीनों काल का ज्ञान स्वतः होने लगता है। प्रश्नकर्ता के लिए यदि प्रकृति ने कार्ड नंबर तैतीस का चयन किया है तो इसका तात्पर्य है कि जिसके संबंध में प्रश्न है वह सत्य ज्ञान का ज्ञाता है।

33. Balanced Vijnanamaya Kosh: The door of Vijnanamaya Kosh opens for the divine human being who perfects all his senses and he enters into it. Such gods and humans automatically start having knowledge of the entire creation and the three periods of time. If nature has selected card number thirty-three for the questioner, it means that the person in respect of whom the question is raised is the knower of true knowledge.

34. असंतुलित विज्ञानमय कोश : जब कोई मानव अपनी इंद्रियों का अतिभोग करे और वर्षों वह इसी प्रकार करे तब वह तिमिर विज्ञान चक्र में प्रवेश कर जाता है। ऐसे मनुष्य अज्ञानता चक्र में इस प्रकार फंस जाते हैं कि उन्हें ज्ञान भी अज्ञान प्रतीत होता है। प्रश्नकर्ता के लिए यदि प्रकृति ने कार्ड नंबर चौतीस का चयन किया है तो इसका तात्पर्य है कि जिसके संबंध में प्रश्न है वह अज्ञान को ज्ञान समझ रहा है।

34. Unbalanced Vijnanamaya Kosha : When a human being over-indulges his senses and continues to do so for years, then he enters the cycle of dark vijnanamaya. Such people get trapped in the cycle of ignorance in such a way that even knowledge appears to them as ignorance. If nature has selected card number thirty-four for the questioner, it means that the person in respect of whom the question is being considered is considering ignorance as knowledge.

35. संतुलित आनंदमय कोष : जब कोई देव मानव विज्ञानमय कोष को सिद्ध कर लेता है तब वह आनंदमय कोष के द्वार में प्रवेश कर जाता है । ऐसे मानवों को किसी भी प्रकार की घटना चिंतित नहीं कर सकती है । निरंतर आनंद प्राप्त हो जाता है । प्रश्नकर्ता के लिए यदि प्रकृति ने कार्ड नंबर पैतीस का चयन किया है तो इसका तात्पर्य है कि जिसके संबंध में प्रश्न है उसे अपने विषय के साथ आनंदित है और उसका चयन सही है ।

35. Balanced Anandamaya Kosha: When a deity has perfected the human Vijnanamaya Kosha, then he enters the door of Anandamaya Kosha. No kind of incident can worry such humans. One gets continuous happiness. If nature has selected the card number thirty-five for the questioner, it means that the person in respect of whom the question is about is happy with his subject and his selection is correct.

36. वृक्षासन : वृक्षासन स्थिरता का प्रतीक है । प्रश्नकर्ता के लिए यदि प्रकृति ने कार्ड नंबर छतीस का चयन किया है तो इसका तात्पर्य है कि जिसके संबंध में प्रश्न है उसे अपने विषय वस्तु में स्थिरता की आवश्यकता जिससे उसका कार्य सिद्ध हो जाएगा ।

36. Vrikshasana Vrikshasana: Vrikshasana is a symbol of stability. If nature has selected card number thirty-six for the questioner, it means that the person in respect of whom the question is asked needs stability in his subject matter so that his work will be accomplished.

37. **असंतुलित आनंदमय कोश :** जब मानव तिमिर अज्ञान के चक्र में फँसकर अनेकों ऐसे निर्णय लेता है जिससे प्रकृति चक्र का अपमान होता तब उसके लिए तिमिर आनंद का द्वार खुल जाता है । असंतुलित आनंदमय कोष या तिमिर आनंद की अंतिम सीमा उसके जीवन में भीषण दुखों का प्रारंभ कर देती है । प्रश्नकर्ता के लिए यदि प्रकृति ने कार्ड नंबर सैंतीस का चयन किया है तो इसका तात्पर्य है कि जिसके संबंध में प्रश्न है वह क्षणिक सुखों में तल्लीन होकर उसे आनंद समझ रहा है । उसके दु:खों का प्रारंभ होने वाला है ।

37. Unbalanced Anandamaya Kosha: When a human being gets trapped in the cycle of dark ignorance and takes many such decisions which insult the cycle of nature, then the door of dark bliss opens for him. The unbalanced blissful sheath or the ultimate limit of dark bliss marks the beginning of terrible sorrows in one's life. If nature has selected card number thirty-seven for the questioner, it means that the person in question is engrossed in momentary pleasures and is considering them as happiness. His sorrows are about to begin.

38. **भटकताधूमकेतु :** भटकता धूमकेतु स्वतंत्र होता है किन्तु आधार विहीन अथवा किसी सूर्य का पारिवारिक सदस्य न होने के कारण भटकता रहता है । प्रश्नकर्ता के लिए यदि प्रकृति ने कार्ड नंबर अड़तीस का चयन किया है तो इसका तात्पर्य है कि जिसके संबंध में प्रश्न है वह आधार विहीन है होने के कारण भटक रहा है ।

38. Wandering comet: Wandering comet is independent but keeps wandering due to being without base or not being a family member of any sun. If nature has selected card number thirty-eight for the questioner, it means that the person in question is wandering because he is baseless.

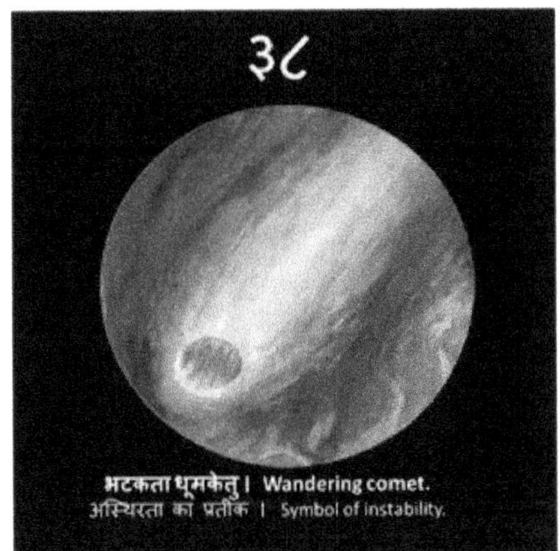

39. **मुनरो का गुप्त खजाना :** मुनरो का साम्राज्य समृद्ध होता गया। अपनी मृत्यु से पहले मुनरो ने अपना आधा खजाना एक गुप्त स्थान पर छिपा दिया। मुनरो ने खजाने की खोज के लिए एक नक्शा कोषागार के एक बक्से में रख दिया। कहावत है कि मुनरो का यह खजाना बहुत बेशकीमती था। प्रश्नकर्ता के लिए यदि प्रकृति ने कार्ड नंबर उनतालीस का चयन किया है तो इसका तात्पर्य है कि जिसके संबंध में प्रश्न है उसे यदि किसी विशेष धन प्राप्ति की संभावना है तो वह उसे शीघ्र प्राप्त होगा अथवा उसे भविष्य में धन लाभ होगा।

39. Munro's secret treasure: Munro's empire became prosperous. Before his death, Munro hid half of his treasure in a secret place. Munro kept a map of the treasure in a box in the treasury. It is said that this treasure of Munro was very priceless. If nature has selected card number forty-nine for the questioner, it means that if the person in question is likely to get some special money, then he will get it soon or he will get financial benefits in the future.

40. **धैर्य की देवी :** देवी सुषमा ने असुरों के द्वारा अनेकों संकट आने पर भी उन्हें बारम्बार क्षमा किया। देवी सुषमा ने माया की भूल को भी क्षमा करके उसे पृथ्वी पर अपने परिवार को बढ़ाने की अनुमति प्रदान की। जब कोई जीव संकट में होता है तब यदि वह प्रकृति चक्र का पालन करता है तब देवी सुषमा उसे धैर्य की शक्ति प्रदान करती हैं इसलिए देवी सुषमा को धैर्य की देवी भी कहा जाता है। प्रश्नकर्ता के लिए यदि प्रकृति ने कार्ड नंबर चालीस का चयन किया है तो इसका तात्पर्य है कि जिसके संबंध में प्रश्न है वह प्रकृति की धैर्य शक्ति को प्राप्त करेगा और संकटों को परास्त करेगा।

40. Goddess of Patience: Goddess Sushma repeatedly forgave the demons even when they faced many troubles. Goddess Sushma also forgave Maya's mistake and allowed her to increase her family on earth. When any living being is in trouble, if he follows the cycle of nature then Goddess Sushma gives him the power of patience, hence Goddess Sushma is also called the goddess of patience. For the questioner, if nature has selected the card number forty, it means that the person in question will gain the patience of nature and overcome the troubles.

41. विकृत कुंडलिनी : एक मानव को पूर्ण देव मानव बनने के लिए अपनी कुंडलिनी जाग्रत करनी पड़ती है किन्तु पतन के मार्ग पर यह कुंडलिनी विकृत हो जाती है। जिस प्रकार एक सर्प अपनी पूँछ को आहार समझ कर निगलने लगता है ठीक उसी प्रकार कुंडलिनी विकृत होने पर मानव अपने भोग से स्वयं का विनाश करने लगता है। प्रश्नकर्ता के लिए यदि प्रकृति ने कार्ड नंबर इकतालीस का चयन किया है तो इसका तात्पर्य है कि जिसके संबंध में प्रश्न है वह स्वयं के भोग से स्वयं का पतन करेगा।

41. Distorted Kundalini: To become a complete divine human, a human has to awaken his Kundalini but on the path of degradation this Kundalini gets distorted. Just as a snake thinks of its tail as food and starts swallowing it, in the same way, when the Kundalini gets distorted, a human being starts destroying himself with his indulgence. If nature has selected card number forty-one for the questioner, it means that the person in respect of whom the question is in question will destroy himself by self-indulgence.

42. अधीरा मानासुर : पिढियान ग्रह पर अधिकार के लिए असुर मानसुर ने प्रयास किया जिसके कारण पिढियान ग्रह के देव मानवों और असुरों में एक भीषण युद्ध हुआ। उसके सभी असुर मारे जाने पर भी वह अहंकारवश और पागल और अधीर होकर आक्रमण करने लगा और रानी गौरी ने उसे मरणासन्न कर दिया। असुर मानासुर के इस कृत्य के कारण उसे अधीरा मानासुर भी कहा जाने लगा। प्रश्नकर्ता के लिए यदि प्रकृति ने कार्ड नंबर बयालीस का चयन किया है तो इसका तात्पर्य है कि जिसके विषय में प्रश्न है अपने धैर्य को समाप्त कर हानि का पात्र होगा।

42. Adhira Manasura: The demon Manasura tried to take over the planet Pidhiyan, due to which a fierce war took place between the gods, humans and demons of the planet Pidhiyan. Even after all his demons were killed, he became arrogant, mad and impatient and started attacking and Queen Gauri injured him as if he was dead. Due to this act of Asur Manasura, he also came to be known as Adhira Manasura. If nature has selected card number forty-two for the questioner, it means that the person about whom the question is about will exhaust his patience and suffer a loss.

43. देवी सुषमा और माया : देवी सुषमा ने माया को अपनी संतान की तरह पाला और उसे असीम प्रेम दिया। प्रश्नकर्ता के लिए यदि प्रकृति ने कार्ड नंबर तिरालिस का चयन किया है तो इसका तात्पर्य मातृत्व और पित्र प्रेम द्वारा लाभ है।

43. Goddess Sushma and Maya: Goddess Sushma raised Maya like her child and gave her immense love. For the questioner, if nature has selected the card number forty-three, it means benefits through motherly and paternal love.

44.घृणित तमराज : असुर सम्राट तमराज को देव मानव समाज के बीच घृणा का प्रतीक माना गया। प्रश्नकर्ता के लिए यदि प्रकृति ने कार्ड नंबर चौवालीस का चयन किया है तो इसका तात्पर्य जिसके संबंध में प्रश्न है उसके द्वारा घृणित कार्य की संभावना है।

44. Disgusting Tamraj: Demon emperor Tamaraj was considered a symbol of hatred among the God-human society. If nature has selected card number forty-four for the questioner, it means that there is a possibility of a heinous act by the person in respect of whom the question is raised.

घृणित तमराज । Disgusting Tamraj.
घृणा का प्रतीक । Symbol of hatred.

45.अंकुरित मौलश्री : देवी सुषमा ने पिढियान ग्रह पर गौरी की साधना से प्रसन्न होकर एक मौलश्री का पौधा भेंट किया । मौलश्री की लकड़ियों में दिव्य शक्ति का समावेश था । यदि प्रकृति ने कार्ड नंबर पैतालीस का चयन किया है तो इसका तात्पर्य यह है कि जिसके संबंध में प्रश्न है उसकी समृद्धि का मार्ग प्रशस्त होगा ।

45. Sprouted Maulshree: Goddess Sushma, pleased with Gauri's sadhana on planet Pidhiyan, presented a sapling of Maulshree. The wood of Maulshree was imbued with divine power. If nature has selected card number forty-five, it means that the person in question will be blessed with prosperity.

46.रानी दीमक : तमराज ने देवी सुषमा के विशाल पुतलों में असुरीय ऊर्जा का समावेश किया और कुछ मिट्टी के कुछ कणों और सूक्ष्म पिंडों में भी नकारात्मक ऊर्जा भर दी । जब देवी सुषमा ने उन सभी पुतलों में प्राण का संचार किया तब ये कण और सूक्ष्म पिंड खटमल, दीमक, जूं , मच्छर , विषाणु और पिस्सू जैसे जीवों में उत्पन्न हो गए । इन जीवों में असुरीय शक्ति का प्रभाव होने से ये सदैव वनस्पतियों और जीवधारियों में रोग उत्पन्न करने का कारण हुए । इन असुरीय जीवों में दीमक परिवार ने प्रकृति और मानवों की सबसे ज्यादा क्षति की । यदि प्रकृति ने कार्ड नंबर छियालीस का चयन किया है तो इसका तात्पर्य यह है कि जिसके संबंध में प्रश्न है उसके चारों तरफ अथवा भीतर पतनकारी ऊर्जा का समावेश हो गया है ।

46. Queen Termite: Tamraj incorporated demonic energy in the huge effigies of Goddess Sushma and also filled negative energy in some particles and microscopic bodies of soil. When Goddess Sushma infused life into all those effigies, these particles and microscopic bodies evolved into creatures like bedbugs, termites, lice, mosquitoes, viruses and fleas. Due to the influence of demonic power in these creatures, they always become the reason for causing diseases in plants and animals. Among these demonic creatures, the termite family caused the most damage to nature and humans. If nature has selected card number forty-six, then it means that there is decaying energy around or within the person in question.

रानी दीमक । Queen Termite.
पतन का प्रतीक । Symbol of decline.

47.सक्रिय आज्ञा चक्र : यदि आज्ञा चक्र सक्रिय हो जाए तव मानव को नियंत्रण करने की शक्ति प्राप्त हो जाती है। यदि प्रकृति ने कार्ड नंबर सैतालीस का चयन किया है तो इसका तात्पर्य यह है कि जिसके संबंध में प्रश्न है उसे नियंत्रण का अवसर प्राप्त होगा।

47. Active Ajna Chakra: If Ajna Chakra becomes active then the human gets the power to control. If nature has selected card number forty-seven, it means that the person in question will have the opportunity to take control.

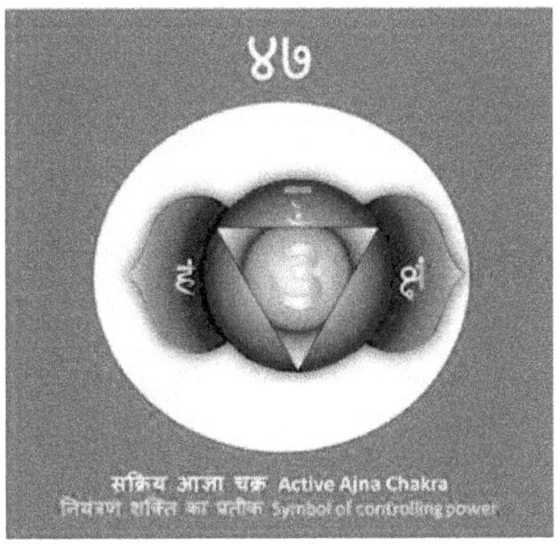

48.नखतासुर : नखतासुर एक अनियंत्रित असुर था। पिढियान ग्रह पर असुर और देव मानवों के बीच कुलियन नामक स्थान पर युद्ध हुआ जिसमें युद्ध के पहले दिन नखतासुर ने अपनी सेना देव मानवों के विरुद्ध उतार दी। यदि प्रकृति ने कार्ड नंबर अढ़तालीस का चयन किया है तो इसका तात्पर्य यह है कि जिसके संबंध में प्रश्न है वह अपनी नकारात्मक ऊर्जाओं के साथ अनियंत्रित होगा।

48. Nakhtasur: Nakhtasur was an uncontrolled demon. On the planet Pidhiyan, there was a war between the Asuras and the Deva-humans at a place called Kulian, in which on the first day of the war, Nakhtasur launched his army against the Deva-humans. If nature has selected card number forty eight then it implies that the person in question will be out of control with his negative energies.

49.शैतान की कृपा : जिन मानवों ने प्रकृति को नष्ट करने का मार्ग अपनाया उन्हें जब विशेष शक्तियों की आवश्यकता हुई तब उन्होंने असुर तमराज या मानासुर जैसे असुरों की पूजा को अपनाया। जो मानव की बलि से असुर को प्रसन्न करते थे असुर उन्हें तामसिक शक्ति प्रदान करते थे। यदि प्रकृति ने कार्ड नंबर उनचास का चयन किया है तो इसका तात्पर्य यह है कि जिसके संबंध में प्रश्न है उसके हाथ से तामसिक कार्य का संकेत है।

49.Grace of Devil's : When humans who followed the path of destroying nature needed special powers, they adopted the worship of demons like Asura Tamraj or Manasura. Those who pleased the demons by sacrificing human beings, the demons provided them with vengeful powers. If nature has selected the card number forty-nine, then it means that there is a sign of vengeful action from the hand of the person in question

50.आशीर्वाद मुद्रा : देवी देवता जब भी मानव कर्म से प्रसन्न होते तब वे आशीर्वाद मुद्रा के द्वारा उन्हें दिव्य ऊर्जा प्रदान करते । यदि प्रकृति ने कार्ड नंबर पचास का चयन किया है तो इसका तात्पर्य यह है कि जिसके संबंध में प्रश्न है उसे परमात्मा की कृपा प्राप्त होगी ।

50. Blessing Mudra: Whenever Gods and Goddesses are pleased with the deeds of human beings, they provide them with divine energy through Blessing Mudra. If nature has selected the card number fifty, then it means that the person in question will receive God's blessings.

51.साध्वी मणिका : कलियुग के अंत मेंपृथ्वी पर विशेष नौ प्रकृति साधक थे जिनमें से सर्वश्रेष्ठ साधक साध्वी मणिका थी । जब राजा शिवायन ने पृथ्वी से पिढियान ग्रह की तरफ पलायन किया तब साध्वी मणिका भी उनके साथ गई । साध्वी मणिका ने पिढियान ग्रह पर देवी सुषमा का दिव्य मंदिर बनाया और उन्होंने प्रकृति संज्ञान विद्या का ज्ञान देवी सुषमा से प्राप्त किया । साध्वी मणिका ने प्रकृति संज्ञान विद्या का ज्ञान पृथ्वी और पिढियान दो ग्रह के देव मानवों को प्रदान किया । साध्वी मणिका के सनिध्य में प्रकृति साधक गौरी ने राजयोग प्राप्त किया और विशेष दिव्य शक्तियां प्राप्त की । राजा शिवायन ने गौरी को वारीयन नामक का शासन प्रदान किया । पृथ्वी और पिढियान ग्रह के लोगों ने अनंत वर्षो साध्वी मणिका को राजयोग की देवी के रूप में याद रखा । यदि प्रकृति ने कार्ड नंबर इक्यावन का चयन किया है तो इसका तात्पर्य यह है कि जिसके संबंध में प्रश्न है उसे राजयोग प्राप्ति का योग है ।

51. Sadhvi Manika: At the end of Kaliyuga, there were nine special nature seekers on earth, out of which the best seeker was Sadhvi Manika. When King Shivayan migrated from Earth to planet Pidhiyan, Sadhvi Manika also went with him. Sadhvi Manika built a divine temple of Goddess Sushma on Pidhiyan planet and she received the knowledge of nature cognition from Goddess Sushma. Sadhvi Manika imparted the knowledge of nature knowledge to the gods and human beings of the two planets Earth and Pidhiyan. Under the guidance of Sadhvi Manika, nature seeker Gauri attained Rajyoga and gained special divine powers. King Shivayan gave Gauri the rule of Varian. The people of planet

Earth and Pidhiyan remembered Sadhvi Manika as the goddess of Rajayoga for infinite years. If nature has selected card number fifty-one, it means that the person in question has the possibility of attaining Rajyoga.

52.तांत्रिक खरहान : खरहान नामक तांत्रिक ने अपने पिता के प्रतिशोध के लिए असुर सम्राट तमराज को प्रसन्न किया और काली शक्ति वाला चरस प्राप्त किया । खरहान ने यह चरस पृथ्वी पर अनेकों मानवों को पिलाया और आतंकी बना दिया । खरहान ने कलियुग के अंतिम महायुद्ध में काली शक्तियों को जगाकर असुर मानासुर की युद्ध में सहायता की । यदि प्रकृति ने कार्ड नंबर बावन का चयन किया है तो इसका तात्पर्य यह है कि जिसके संबंध में प्रश्न है उसके विचार और प्रवृत्ति विपरीत दिशा की तरफ मुड़ रही है ।

52. Tantrik Kharhan : A Tantrik named Kharhan pleased the demon king Tamraj to avenge his father and obtained charas with black power. Kharhan made many humans on earth drink this hashish and turned them into terrorists. In the last great war of Kaliyuga, Kharhan helped the demon Manasura in the war by awakening the dark powers. If nature has selected card number fifty-two, it means that the thoughts and tendencies of the person in question are turning in the opposite direction.

53.कुबेर : कुबेर को ब्रह्मा ने धन का देवता बनाया । जिसके जीवन में कुबेर की कृपा हो जाए उसके धन कोष सदैव भरे रहते हैं । यदि प्रकृति ने कार्ड नंबर तिरपन का चयन किया है तो इसका तात्पर्य यह है कि जिसके संबंध में प्रश्न है उसके धनवान होने का संकेत है ।

53. Kuber: Brahma made Kuber the god of wealth. Whoever has the blessings of Kuber in his life, his treasury always remains full. If nature has selected the card number fifty-three, then it means that the person in question will be rich.

54.युधिष्ठिर की हार : द्वापर युग में धृतराष्ट्र के बड़े पुत्र दुर्योधन ने युधिष्ठिर का राज्य हड़पने के लिए उसे द्यूत क्रीडा के लिए आमंत्रित किया और युधिष्ठिर पराजय होते चले गए । युधिष्ठिर की यह पराजय हिन्दू धर्म के इतिहास में विशेष स्थान रखती है। यदि प्रकृति ने कार्ड नंबर चौवन का चयन किया है तो इसका तात्पर्य यह है कि जिसके संबंध में प्रश्न है उसकी निर्धनता और पराजय का संकेत है ।

54. Defeat of Yudhishthir : In Dwapar Yuga, Dhritrashtra elder son Duryodhana invited Yudhishthir for a game of gambling to usurp his kingdom and Yudhishthir kept getting defeated. This defeat of Yudhishthir holds a special place in the history of Hindu religion. If nature has selected card number fifty-four, then it means that the person in question is facing poverty and defeat.

55.नीम-गिलोय : देवी सुषमा ने अनेकों वनस्पतियों की अलग-अलग प्रजातियों में भी आपसी संबंध स्थापित किए जिनमें नीम और गिलोय के संबंध को अधिक प्रसिद्धि मिली । आयुर्वेद में नीम पर उत्पन्न गिलोय को उत्कृष्ट औषधि की श्रेणी में रखा गया । यदि प्रकृति ने कार्ड नंबर पचपन का चयन किया है तो इसका तात्पर्य यह है कि जिसके संबंध में प्रश्न है वह सकारात्मक संबंध को प्राप्त कर लाभ प्राप्त करेगा ।

55. Neem-Giloy : Goddess Sushma also established mutual relations between many different species of plants, in which the relation between Neem and Giloy gained more fame. In Ayurveda, Giloy produced on Neem has been kept in the category of excellent medicine. If nature has selected the card number fifty-five, it means that the person in question will benefit by achieving a positive relationship.

56.सांप और नेवला : प्रकृति के जीवों में सांप और नेवले को आपस में घनिष्ट शत्रु माना गया है । यदि प्रकृति ने कार्ड नंबर छप्पन का चयन किया है तो इसका तात्पर्य यह है कि जिसके संबंध में प्रश्न है उसे भीषण शत्रुता के द्वारा भय या हानि का संकेत है ।

56. Snake and mongoose : Among the creatures of nature, snake and mongoose are considered close enemies. If nature has selected the card number fifty-six, it means that the person in question is facing fear or loss through fierce hostility.

57.देवी लक्ष्मी : एक बार देवताओं और असुरों ने मिलकर समुद्र का मंथन किया और समुद्र की विशाल संपदा को बाहर निकाला । समुद्र मंथन के प्रभाव से नौ रत्न उत्पन्न हुए जिसमें से देवी लक्ष्मी एक हैं । देवी लक्ष्मी को भगवान विष्णु ने अपनी अर्धांगिनी के रूप में स्वीकार किया । देवी लक्ष्मी को देवताओं के बीच सुख- समृद्धि की देवी की उपाधि प्रदान की गई । यदि प्रकृति ने कार्ड नंबर सत्तावन का चयन किया है तो इसका तात्पर्य यह है कि जीवन में सुख और समृद्धि का आगमन होने वाला है ।

57. Goddess Lakshmi : Once the gods and demons together churned the ocean and took out the vast wealth of the ocean. Due to the churning of the ocean, nine gems were born, of which Goddess Lakshmi is one. Goddess Lakshmi was accepted by Lord Vishnu as his consort. Goddess Lakshmi was given the title of goddess of happiness and prosperity among the gods. If nature has selected card number fifty-seven, it means that happiness and prosperity are about to arrive in life.

58.मानीसुरी : असुर मानासुर की बहन का नाम मानीसुरी था। तांत्रिक खरहान ने मानीसुरी को भी प्रसन्न किया और नारी समाज को भ्रमित करने की शक्ति प्राप्त की थी। महायुद्ध के समय तांत्रिक में बहुत सी नारियों में असुरीय गुण उत्पन्न कर दिया जिसके कारण अनेकों नारियां भी पतित हो गईं। मानासुरी ने भी स्वयं पृथ्वी पर आकर प्रकृति के जीवधारियों को बहुत पीढ़ा दी। यदि प्रकृति ने कार्ड नंबर अट्ठावन का चयन किया है तो इसका तात्पर्य यह है कि किसी महिला द्वारा दुख की प्राप्ति का संकेत है।

58. Manisuri : The name of the sister of demon Manasura was Manisuri. Tantrik Kharhan also pleased Manisuri and had the power to confuse the women's society. During the Great War, Tantrik created demonic qualities in many women due to which many women also became sinful. Manasuri herself came to earth and caused a lot of pain to the living beings of nature. If nature has selected card number fifty-eight, then it means that it is a sign of suffering from a woman

59.यमराज का भैसा : हिन्दू धर्म में मान्यता है कि जब मृत्यु आती है तब यमराज अपने वहाँ भैसे पर सवार होकर आत्मा को बांधकर ले जाते हैं। बहुत से मानवों को यह भैसा मृत्यु से पूर्व स्वप्न या कल्पना में दिखाई पड़ने लगता है। यदि प्रकृति ने कार्ड नंबर उनसठ का चयन किया है तो इसका तात्पर्य यह है कि जिकसे संबंध में प्रश्न है उसे मृत्यु भय है।

59. Yamraj's buffalo: It is believed in Hindu religion that when death comes, Yamraj rides the buffalo and takes the soul away. Many people start seeing this buffalo in their dreams or imagination before their death. If nature has selected the card number sixty-nine, then it means that the person in question is afraid of death.

यमराज का भैसा । Yamraj's buffalo
मृत्यु का प्रतीक । Symbol of death.

60.कृष्ण जन्म : द्वापर युग मेंनर ने अर्जुन एवं नारायण ने कृष्ण के रूप में जन्म लिया । कृष्ण ने कंस के कारागार में जन्म लिया देवी सुषमा की आज्ञा से माया ने अपनी माया शक्ति से कारागार के सैनिकों को निंद्रा में डाल दिया और वासुदेव ने कृष्ण को लेकर यशोदा के यहाँ छोड़ दिया और वापस या गए । कृष्ण के जन्म की सूचना असुरों को मिली तब वे भयभीत हो गए । यदि प्रकृति ने कार्ड नंबर साठ का चयन किया है तो इसका तात्पर्य यह है कि जिकसे संबंध में प्रश्न है उसके जीवन की दिशा नवीन जन्म की तरह बदलेगी अथवा एक ऊर्जावान आत्मा का नए शरीर में जन्म होगा ।

60. Birth of Krishna: In Dwapara Yuga, Nara was born as Arjun and Narayana was born as Krishna. Krishna was born in the prison of Kansa. On the orders of Goddess Sushma, Maya with her Maya power put the prison soldiers to sleep and Vasudev took Krishna and left him at Yashoda's place and went back. When the demons got the news of Krishna's birth, they became frightened. If nature has selected the card number sixty then it means that the direction of the life of the person in question will change like a new birth or an energetic soul will be born in a new body.

कृष्ण जन्म Kishna Birth
जन्म का प्रतीक Sign of birth.

61.पिपीलिका कर्म : देवी सुषमा ने चींटी नामक एक छोटा किन्तु बुद्धिप्रधान और शक्तिशाली कीट बनाया । चींटियों के साम्राज्य ने सदैव आदर्श का परिचर दिया और सदैव कर्म किया । यदि प्रकृति ने कार्ड नंबर इकसठ का चयन किया है तो इसका तात्पर्य यह है कि जिकसे संबंध में प्रश्न है उसके जीवन में कर्म संतुलन के प्रभाव से समाधान की दिशा प्राप्त होगी ।

61. Pipilika Karma: Goddess Sushma created a small but intelligent and powerful insect named Ant. The kingdom of ants always followed the ideal and always performed the work. If nature has selected card number sixty-one, then it means that the direction for solution will be obtained due to the influence of karmic balance in the life of the person in question.

पिपीलिका कर्म Ant's karma
कर्म संतुलन का प्रतीक Symbol of karmic balance.

62.चोंधियारी : जीवधारियों में चोंधियारी नामक जीव सबसे अधिक आलसी और अकर्मण्य है। यदि प्रकृति ने कार्ड नंबर बासठ का चयन किया है तो इसका तात्पर्य यह है कि जिकसे संबंध में प्रश्न है उसे अपने अकर्मण्यता के कारण हानि का सामना करने का संकेत है।

62. Chondhiyari: Among the living beings, the creature named Chondhiyari is the most lazy and indolent. If nature has selected the card number sixty-two, then it means that the person in question is facing loss due to his inaction.

चोंधियारी The Sloth
अकर्मण्यता का प्रतीक I Symbol of indolence.

63.प्राणवायु : जीवधारियों के जीवन को चलाने के लिए प्राणवायु सबसे महत्वपूर्ण है। इसे पवित्र प्राणवायु ऊर्जा भी कहा जाता है। प्राणवायु के बिना कोई जीव कुछ पल से अधिक नहीं जीवित रह सकता। यदि प्रकृति ने कार्ड नंबर तिरसठ का चयन किया है तो इसका तात्पर्य यह है कि जिकसे संबंध में प्रश्न है उसे पवित्र ऊर्जा की प्राप्ति होगी।

63. Vital air: Vital air is most important for the survival of living beings. It is also called sacred vital energy. Without vital air, no living being can survive for more than a few moments. If nature has selected card number sixty-three, it means that the person in question will receive sacred energy.

64.विषाक्त वायु : असुरीय प्रवृत्ति के मानवों ने सम्पूर्ण पृथ्वी पर प्रदूषण उत्पन्न किया जिससे प्राणवायु विषाक्त हो गई और जीव गंभीर रोगों का शिकार होने लगे । यदि प्रकृति ने कार्ड नंबर चौसठ का चयन किया है तो इसका तात्पर्य यह है कि जिकसे संबंध में प्रश्न है उसे अपवित्र ऊर्जा के भराव का संकेत है ।

64. Toxic Air: Humans with demonic tendencies created pollution on the entire earth due to which the vital air became toxic and living beings started falling victim to serious diseases. If nature has chosen the card number sixty-four, then it means that the person in question is being filled with impure energy.

65.नरकुल वधू : ऋषि कुल की कन्याओं का विवाह नरकुल में होता था । ऋषि कुल की कन्यायें पूर्णतः सात्विक , ज्ञानी और विवेकशील हुआ करती थीं । नरकुलों में महत्वाकांक्षा का प्रभाव था जिससे वे दुर्गुणी हो जाते थे किन्तु नरकुल वधुओं ने अपने विवेक से इस असंतुलन को सदैव रोका और संतुलन स्थापित किया । यदि प्रकृति ने कार्ड नंबर पैसठ का चयन किया है तो इसका तात्पर्य यह है कि जिकसे संबंध में प्रश्न है उसे विवेकवान बहु के माध्यम से ही समाधान प्राप्त होगा ।

65. Narkul bride: Girls of Rishi clan were married in Narkul. The daughters of Rishi clan were completely virtuous, knowledgeable and wise. Narkuls had the influence of ambition due to which they became vices, but Narkul brides, with their wisdom, always prevented this imbalance and established balance. If nature has selected the card number sixty-five, then it means that the person regarding whom there is a question will get the solution only through a wise daughter-in-law.

66. तेरहान वधू : तेरहान के लोग आपस में ही विवाह कर लेते थे। दुर्गुणी लोगों का यदि दुर्गुणी लोगों के साथ संबंध होता है तो समाज में भी अधिक दुष्प्रवृत्ति उत्पन्न होती है। तेरहान बहूएं अत्यंत कपटी और अत्याचारी होती थीं ये अपनी बूढ़े सास ,ससुर पर अत्याचार करती और कुछ तो अपने सास-ससुर को विष देकर मार डालती थीं। यदि प्रकृति ने कार्ड नंबर छाछठ का चयन किया है तो इसका तात्पर्य यह है कि जिसके संबंध में प्रश्न है उसे किसी शैतान बहु द्वारा हानि का संकेत है।

66. Terhan bride: The people of Terhan used to marry among themselves. If bad people have relations with bad people then more bad tendencies arise in the society. Terhaan daughters-in-law were extremely deceitful and cruel; they used to torture their old mother-in-law and father-in-law and some even killed their mother-in-law and father-in-law by poisoning them. If nature has selected the card number sixty-six, it means that the person in question is being harmed by some devil's daughter-in-law.

67.कुंती द्रोपदी : महाभारत के युद्ध का मूल कारण द्रोपदी का अपमान था। कुंती ने द्रोपदी को सदैव प्रेम और मान दिया। यदि प्रकृति ने कार्ड नंबर सरसठ का चयन किया है तो इसका तात्पर्य यह है कि जिकसे संबंध में प्रश्न है उसे सास अथवा बुजुर्ग महिला द्वारा द्वारा मान और प्रेम का लाभ होगा।

67. Kunti Draupadi : The root cause of the Mahabharata war was the insult of Draupadi. Kunti always loved and respected Draupadi. If nature has selected card number 67, it means that the person in question will benefit from respect and love from his mother-in-law or an elderly woman.

कुंती द्रोपदी Kunti Dropadi
प्रेमी सास ससुर का प्रतीक Symbol of loving parent-in-law.

68.कलियुगी सास : कलियुग में कलियुगी सास भी होती हैं जो अपनी बहुओं को पीड़ा प्रदान करती हैं। यदि प्रकृति ने कार्ड नंबर अरसठ का चयन किया है तो इसका तात्पर्य यह है कि जिकसे संबंध में प्रश्न है सास अथवा किसी बुजुर्ग महिला द्वारा अपमान अथवा हानि का सामना करने का संकेत है।

68. Kaliyuga mother-in-law : In Kaliyuga, there are also Kaliyuga mothers-in-law who give pain to their daughters-in-law. If nature has selected the card number sixty-eight, then it means that the person in question is facing insult or loss from the mother-in-law or some elderly woman.

कलियुगी सास Kaliyugi mother-in-law.

69.मधु कलश : शहद कोधार्मिक कार्यों में श्रेष्ठ माना गया है। यह एक प्राकृतिक मधुर और पवित्र द्रव्य है। यदि प्रकृति ने कार्ड नंबर उनहत्तर का चयन किया है तो इसका तात्पर्य यह है कि जिकसे संबंध में प्रश्न है उसके जीवन में मधुरता का संकेत है।

69. Honey Kalash : Honey is considered best in religious activities. It is a natural sweet and sacred liquid. If nature has selected the card number sixty-nine, then it means that there is a sign of sweetness in the life of the person in question.

70.गोपाल : गोपाल स्वरूप को जीव प्रेमी के रूप में पवित्र माना जाता है । यदि प्रकृति ने कार्ड नंबर सत्तर का चयन किया है तो इसका तात्पर्य यह है कि जिकसे संबंध में प्रश्न है उसे प्रकृति के जीवों के आभा संपर्क से लाभ प्राप्त होगा ।

70. Gopal : Gopal form is considered sacred as a lover of living beings. If nature has selected the card number seventy, it means that the person in question will benefit from contact with the aura of nature's creatures.

71. मदिरा पात्र : प्राचीन काल से लेकर आज तक मदिरा ने मानवों की सकारात्मक चेतना को दूषित कर उन्हें असुरीय बनाया है । यदि प्रकृति ने कार्ड नंबर इकहत्तर का चयन किया है तो इसका तात्पर्य यह है कि जिकसे संबंध में प्रश्न है उसके द्‌वारा स्वयं के जीवन में हानि और अपयश वाले कर्म का संकेत है ।

71. Glass of Wine : From ancient times till today, wine has corrupted the positive consciousness of humans and made them demonic. If nature has selected the card number seventy-one, then it means that the person in question has committed loss and bad deeds in his own life.

मदिरा पात्र glass of wine
ध्वंस का प्रतीक Symbol of destruction.

72.तेरहान कसाईखाना : तेरहान कुल मांसाहारी था । टेढ़ान के कसाई जंतुओं को हथियार से चीर डालते और उनका मांस तेरहान के लोगों को बेच देते थे । तेरहान के लोग उस मांस को पकाकर स्वादिष्ट तामसिक भोजन बनाते और खाते थे । यदि प्रकृति ने कार्ड नंबर बहत्तर का चयन किया है तो इसका तात्पर्य यह है कि जिकसे संबंध में प्रश्न है उसके द्‌वारा पशु हिंसा का अपराध हुआ है जिसकी नकारात्मक ऊर्जा उसे समस्या प्रदान कर रही ।

72. Terhan Slaughterhouse : Terhan clan was non-vegetarian. The butchers of Terhan used to tear the animals with weapons and sell their meat to the people of Terhan. The people of Terhan used to cook that meat and prepare delicious Tamasic food and eat it. If nature has selected the card number seventy-two, it means that the person in question has committed a crime of animal violence whose negative energy is causing problems.

तेरहान कसाईखाना Terhaan Slaughterhouse.
पशु हिंसा का प्रतीक Symbol of animal violence.

73.देव : प्रकृति को समृद्‌ध होने में देवताओं ने सदैव सहायता की है । जो मानव प्रकृति प्रेमी होते हैं देवता सूक्ष्म रूप में आकर उन्हें दिव्य ऊर्जा प्रदान करते हैं । यदि प्रकृति ने कार्ड नंबर तिहत्तर का चयन किया है तो इसका तात्पर्य यह है कि जिकसे संबंध में प्रश्न है उसे देवताओं की दिव्य ऊर्जा प्राप्त हो रही है ।

73. **Deva's :** Deva's have always helped nature to prosper. Gods come in subtle form and provide divine energy to humans who love nature. If nature has selected the card number seventy-three, it means that the person in question is receiving the divine energy of the Gods.

74.असुर : जो मानव प्रकृति चक्र के साथ चलते हैं असुर उह उन्हें सदैव विपरीत चक्र की तरफ आकर्षित करते हैं। असुरों का सदैव एक ही उदेश्य रहा है प्रकृति चक्र को नष्ट किया जाए जिससे उनका साम्राज्य समृद्ध हो सके। यदि प्रकृति ने कार्ड नंबर चौहत्तर का चयन किया है तो इसका तात्पर्य यह है कि जिकसे संबंध में प्रश्न है उसे किसी काली या नकारात्मक ऊर्जा की तरफ से आकर्षित किया जा रहा।

74. Asuras: Those who move with the cycle of human nature, the demons always attract them towards the opposite cycle. The demons have always had only one aim - to destroy the cycle of nature so that their empire can prosper. If nature has selected the card number seventy-four, it means that the person in question is being attracted by some black or negative energy.

75.दिव्य विश्व का द्वार : इस दुनिया में रहकर जो लगातार प्रकृति चक्र के साथ यात्रा करते हैं उनके लिए दिव्य विश्व का द्वार खुल जाता है। दिव्य विश्व में हर स्थान पर आनंद और समृद्धि है। यदि प्रकृति ने कार्ड नंबर पचहत्तर का चयन किया है तो इसका तात्पर्य यह है कि जिकसे संबंध में प्रश्न है उसे दिव्य मार्ग प्राप्त होगा जहां उसे समाधान मिलेगा।

75. The Door to the divine world: The door to the divine world opens for those who continuously travel with the cycle of nature while living in this world. There is joy and prosperity everywhere in the divine world. If nature has selected the card number seventy-five, then it means that the person in question will get the divine path where he will get the solution.

76.**तिमिर विश्व का द्‌वार :** असुरीय ऊर्जा मानवों के बिना अपने कार्य नहीं पूर्ण कर सकती इसलिए वे उन्हें माया के द्‌वारा भोग विलास की तरफ आकर्षित करके दुर्गुणी बनाने का प्रयास करते हैं। जब मानव की लालसा बढ़ जाती है तब वह अपनी भूख मिटाने के लिए अपराध करने के लिए तैयार रहता है। ऐसे समय उसके सामने तिमिर विश्व का द्‌वार खुल जाता है। यदि मानव इस द्‌वार में प्रवेश कर जाता है तब वह सदैव अपराध ही करता रहता है। यदि प्रकृति ने कार्ड नंबर छिहत्तर का चयन किया है तो इसका तात्पर्य यह है कि जिकसे संबंध में प्रश्न है उसे अधोमार्ग आकर्षित कर रहा।

76. The gate of dark world: Demonic energy cannot complete its work without human beings, hence they try to make them evil by luring them towards pleasures and luxuries through Maya. When a human being's greed increases then he is ready to commit crime to satisfy his hunger. At such a time, the door to the dark world opens in front of him. If a human being enters this door then he always keeps committing crimes. If nature has selected the card number seventy-six, then it means that the person in question is being attracted by the evil path.

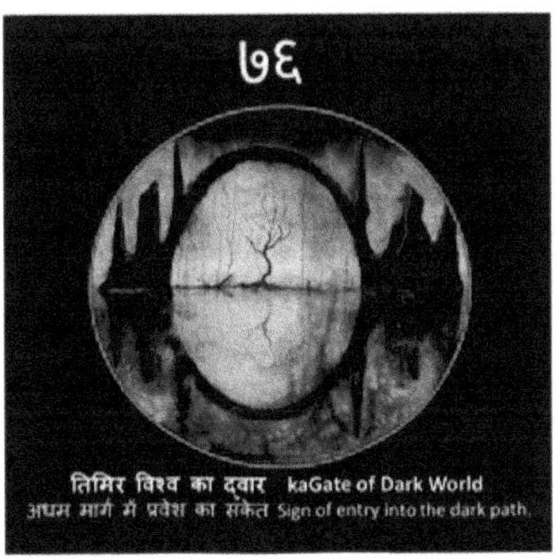

77.वीर हनुमान : भगवान रुद्र के अवतार हनुमान ने त्रेता युग से लेकर अनंत काल तक देव मानवों की सहायता की। वीर हनुमान के सामने आते ही असुर भयभीत हो जाते थे। यदि प्रकृति ने कार्ड नंबर सतहत्तर का चयन किया है तो इसका तात्पर्य यह है कि जिकसे संबंध में प्रश्न है उसे निडरता से प्रयास करना होगा दिव्य ऊर्जा साथ रहेगी।

77. Veer Hanuman: Hanuman, the incarnation of Lord Rudra, helped the gods and humans from Treta Yuga till eternity. The demons used to get scared as soon as they came in front of the brave Hanuman. If nature has selected the card number seventy-seven, then it means that the person in question will have to make an effort fearlessly, the divine energy will be with him.

वीर हनुमान Hanuman
निडरता का प्रतीक Symbol of fearlessness.

78.दुर्गंधा पिशाच का महल : सिंधु नदी के पश्चिम में असुर मानवों ने दुर्गंधा नामक पिशाच को एक भूभाग प्रदान किया। इस पिशाच ने एक महल बनाया और चारों तरफ बबूल और बेर का एक जंगल लगाया। काँटेदार इस जंगल में प्रवेश करते ही सड़े हुए मांस की दुर्गंध आती थी। जो जीव इस जंगल में प्रवेश करता यदि उसे कोई कांटा चुभ जाए और रक्त बाहर निकल आए तो समझो एक बड़ा संकट का सामना करना पड़ेगा। रक्त की गंध से दुर्गंधा की पिशाच सेना आ जाती थी और उस जीव का रक्त पान करके उसे भी पिशाच बना देती थी। पृथ्वी पर अनेकों युद्धों में असुर मानवों ने दुर्गंधा पिशाच की भी सहायता ली। यदि प्रकृति ने कार्ड नंबर अठहत्तर का चयन किया है तो इसका तात्पर्य यह है कि जिकसे संबंध में प्रश्न है उसे किसी अनजान भय का संकेत है।

78. Durgandha Vampire's Palace : To the west of the Indus river, Asur humans provided a land to a vampire named Durgandha. This vampire built a palace and planted a forest of acacia and plum all around it. As soon as we entered this thorny forest, there was a foul smell of rotten flesh. If any creature entering this forest gets pricked by a thorn and blood comes out, then it means that it will have to face a big crisis. Due to the smell of blood, the vampire army of Durgandha would come and by drinking the blood of that creature, it would turn it into a vampire too. In many wars on earth, Asur humans also took the help of Durgandha vampire. If nature has selected the card number seventy-eight, then it means that the person in question is facing some unknown fear.

दुर्गंधा पिशाच का महल Durgandha Vampire's Palace.
भय का प्रतीक Symbol of fear.

79.रानी गौरी : पिढियान ग्रह के सम्राट ने गौरी की योग्यता से प्रसन्न होकर उसे वारियान नामक राज्य का अधिपति बनाया। रानी गौरी देवी सुषमा की साधक और एक वीर योद्धा थी। जब मानासुर ने पिढियान ग्रह पर कब्जा करना चाहा तब रानी गौरी ने अपनी वीरता से अनेक असुरों को मारा और अंत में माया को बंदी बनाकर मानासुर को हराने में सफल रही। रानी गौरी जबतक पिढियान ग्रह पर रहीं तब तक दोबारा असुरों ने वहाँ पैर नहीं रखा। यदि प्रकृति ने कार्ड नंबर उनयासी का चयन किया है तो इसका तात्पर्य यह है कि जिकसे संबंध में प्रश्न है उससे कोई भयभीत करने का प्रयास कर रहा। वह भय त्याग दे और वीरता का परिचय दे। उसे दिव्य शक्ति की सुरक्षा प्राप्त होगी।

79. Queen Gauri: The emperor of Pidhiyan planet was pleased with Gauri's abilities and made her the ruler of a kingdom called Varian. Rani Gauri was a devotee of Goddess Sushma and a brave warrior. When Manasura tried to capture the planet Pidhiyan, Queen Gauri with her bravery killed many demons and finally succeeded in defeating Manasura by capturing Maya. As long as Queen Gauri lived on planet Pidhiyan, the demons never set foot there again. If nature has selected the card number eighty-nine, it means that someone is trying to scare the person in question. He should give up fear and show bravery. He will get the protection of divine power.

80.रानी माया : असुर मानासुर की पत्नी माया को असुर मानव रानी माया के नाम से संबोधित करते थे। रानी माया ने असुर मानासुर की प्रत्येक असुरीय प्रवृत्ति में उसका साथ दिया। रानी माया ने पृथ्वीवासियों को असुरीय दिशा में मोड़ने का सदैव प्रयास किया। रानी माया ने अपनी मायावी शक्ति के उपयोग से मानवों को महत्वाकांक्षी और लालची बनाया जिसके कारण। यदि प्रकृति ने कार्ड नंबर अस्सी का चयन किया है तो इसका तात्पर्य यह है कि जिकसे संबंध में प्रश्न है उसे असुरक्षा का भय है उसे दिव्य ऊर्जा की साधना करनी चाहिए।

80. Queen Maya: Asur Manav knew Maya, the wife of Asur Manasura, as Rani Maya. Queen Maya supported the demon Manasur in every demonic activity. Queen Maya always tried to divert the people of the earth in the demonic direction. Due to the use of her illusory power, Queen Maya made humans ambitious and greedy. If nature has selected the card number eighty then it means that the person in question is afraid of insecurity, he should meditate on divine energy.

81. ब्रह्मदंड : देवी मणिका ने समस्याओं के समाधान के लिए दिव्यदंड को प्राप्त करने के नौ द्वार बताए। प्रत्येक द्वार में अलग-अलग प्रकार के दिव्यदंड की प्राप्ति है। नौ दंड में पहले विशिष्ट दंड का नाम ब्रह्मदंड है। यदि प्रकृति ने कार्ड नंबर इक्यासी चयन किया है तो इसका तात्पर्य यह है कि जिकसे संबंध में प्रश्न है उसके चारों तरफ से संकटों से घिर गया है किन्तु वह सत्य पर विश्वास भी करता है। जातक के

पास अब ब्रह्मदंड धारण करने के अतिरिक्त अन्य समाधान नहीं है। नामांकन विधि प्रक्रिया को अपनाकर जातक को अपने ब्रह्मदंड के बारे में ज्ञात करके उसे प्राप्त करना चाहिए।

81. Brahmadanda: Goddess Manika told nine doors to obtain Brahmadanda to solve the problems. Different types of Brahma Danda are available in each gate. The name of the first special Dand(Stick) among the nine Dand is Brahmadanda. If nature has selected card number eighty-one, then it means that the person in question is facing troubles from all sides but he also believes in the truth. The person now has no other solution except wearing the Brahmadanda. By adopting the nomination process, the person should know about his Brahmadanda and obtain it.

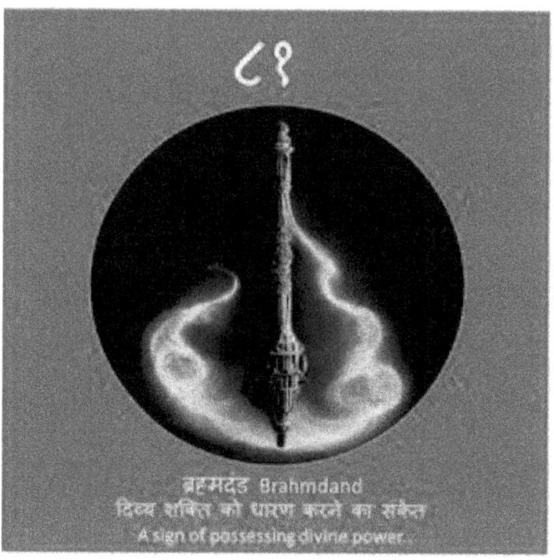

82.असुरदंड : देव मानवों में विशेष नौ प्रकृति साधकों को देवी ने नौ अलग-अलग शक्तियों के ब्रह्मदंड प्रदान किए। जब यह बात असुर सम्राट तमराज को ज्ञात हुई तब उसने भी इन सभी ब्रह्मदंड की शक्तियों से लड़ने के लिए नौ असुरदंड बनाए और अपने योग्य असुरों और शैतान के साधकों को प्रदान किया। यदि प्रकृति ने कार्ड नंबर बयासी का चयन किया है तो इसका तात्पर्य यह है कि जिकसे संबंध में प्रश्न है उसे किसी अनीतिकारक दल से अनीति कर्म मिलने का संकेत है।

82.Asurdanda: Goddess gave Brahmadanda of nine different powers to nine nature seekers who were special among the human beings. When Asur Emperor Tamraj came to know about this, he also created nine Asuradundas to fight against the powers of all these Brahmadundas and provided them to his worthy asuras and devil's seekers. If nature has selected the card number eighty-two, then it means that the person in question is likely to receive unethical deeds from some unethical party.

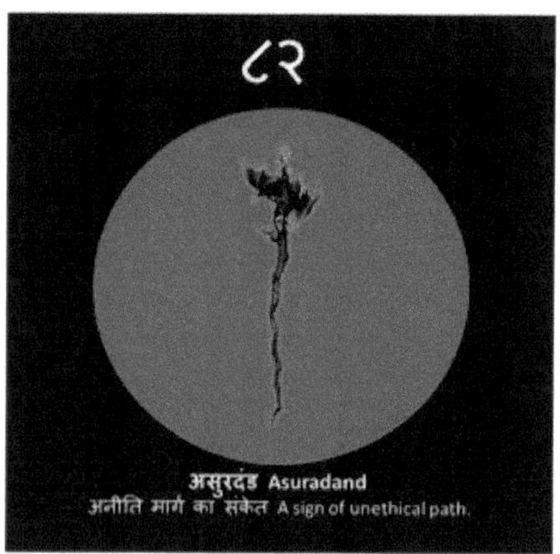

83. राधेकृष्ण : हिन्दू धर्म में राधे कृष्ण को दाम्पत्य जीवन में प्रेम का प्रतीक माना जाता है। यदि प्रकृति ने कार्ड नंबर तिरासी का चयन किया है तो इसका तात्पर्य यह है कि जिकसे संबंध में प्रश्न है उसे अपने प्रेमी का सम्मान करके उचित निर्णय लेना चाहिए।

83. Radhe Krishna: In Hindu religion, Radhe-Krishna is considered a symbol of love in married life. If nature has selected the card number eighty-three, it means that the person in question should take appropriate decisions by respecting his/her lover.

84.**बलालिंगन:** जब पुरुष स्त्री के भाव के साथ जुड़ता है तब उसे प्रेम कहते हैं किंतु जब पुरुष स्त्री की इंद्रियों को अपने नियंत्रण में रखकर सिर्फ भोग करना चाहता है तो उसे बलालिंगन कहते हैं । यदि प्रकृति ने कार्ड नंबर चौरासी का चयन किया है तो इसका तात्पर्य यह है कि जिकसे संबंध में प्रश्न है यदि वह स्त्री है तो बलालिंगन से पीढ़ित है अथवा वह अपराधी है ।

84. Balalingan: When a man connects with a woman's emotions, then it is called love, but when a man wants to just enjoy the woman by keeping her senses under his control, then it is called Balalingan. If nature has selected the card number eighty-four, then it means that the person in question is a woman, then she is suffering from homosexuality or she is a criminal.

85.**दिव्यबगीचा :** राजा शिवायन ने पिढियान ग्रह पर पृथ्वी की सभी वनस्पतियों को लाकर ग्रह को हरा भरा किया । राजा शिवायन ने देवी सुषमा के मंदिर के निकट एक सौ आठ दिव्य औषधियों, एक सौ आठ फलों और एक सौ आठ सुगंधित पुष्पों का दिव्य बगीचा बनाया । इस बगीचे के उत्तर में एक छोटा पर्वत था जिसपर सदैव बर्फ जमी रहती और एक झरना बहता था जिसमें दिव्य ऊर्जा का प्रवाह होता । जब इस दिव्य बगीचे के बारे ने पृथ्वीवासियों को पता चला तब उन्होंने साध्वी मणिका के भ्रमण पर आने पर निवेदन किया कि उन्हें भी वे दिव्य बगीचे का भ्रमण कराएं । यदि प्रकृति ने कार्ड नंबर पचासी का चयन किया है तो इसका तात्पर्य यह है कि जिसके संबंध में प्रश्न है उसे प्रकृति द्वारा शांति प्राप्त का संकेत है ।

85. Divine Garden: King Shivayan brought all the vegetation of the earth to the planet Pidhiyan and made the planet green. King Shivayan created a divine garden of one hundred and eight divine medicines, one hundred and eight fruits and one hundred and eight fragrant flowers near the temple of Goddess Sushma. To the north of this garden, there was a small mountain on which there was always snow and a spring flowed in which divine energy flowed. When the people of the earth came to know about this divine garden, they requested Sadhvi Manika to take them on a tour of the divine garden. If nature has selected the card number eighty-five, then it means that the person in question has received peace from nature.

86.असुरमानवकाबगीचा : असुर मानवों ने सज्जन समाज के लोगों के भूभागों पर जबरन कब्जा किया और प्रदूषण उत्पन्न किया। प्रदूषण के प्रभाव से उनके वन और बगीचे सूख गए। ऐसे वनों में असुरों और पिशाचों ने सदैव डेरा बनाया। यदि प्रकृति ने कार्ड नंबर छियासी का चयन किया है तो इसका तात्पर्य यह है कि जीवन में दरिद्रता के कारण समस्या है।

86. The Garden of Asur Manav : Asur Manavs forcibly occupied the lands of the people of the gentleman society and created pollution. Due to the effects of pollution their forests and gardens dried up. Demons and vampires always camped in such forests. If nature has selected the card number eighty-six then it means that there is a problem in life due to poverty.

87.**पवित्रमौलश्री :** देवी सुषमा ने नौ प्रकृति साधकों को नौ ब्रह्मदंड प्रदान किया। यह ब्रह्मदंड दिव्य ऊर्जा के श्रोत पतित्र मौलश्री वृक्ष की लकड़ी के बने थे। भविष्य में पुनः ब्रह्मदंड न बन सके इसलिए तमराज ने मानासुर को पृथ्वी के सभी मौलश्री वृक्ष नष्ट करने की आज्ञा दी जिससे मानासुर ने मौलश्री वृक्ष की पूरी प्रजाति को नष्ट कर दिया। गौरी की साधना से प्रसन्न होकर देवी सुषमा ने पुनः मौलश्री की रचना की और उसे पवित्र मौलश्री एक पौधा और मौलश्री से बना ब्रह्मदंड भेंट किया। यदि प्रकृति ने कार्ड नंबर सत्तासी का चयन किया है तो इसका तात्पर्य यह है कि जिसके संबंध में प्रश्न है उसे प्रकृति की उपासना या सेवा से समाधान मिलेगा।

87. Holy MaulshreePlant : Goddess Sushma gave one Brahmadanda each to nine nature seekers. This Brahmadanda was made of the wood of Patitra Maulshree tree, the source of divine energy. To prevent Brahmadanda from being created again in the future, Tamraj ordered Manasura to destroy all the Maulshree trees on earth, due to which Manasura destroyed the entire species of Maulshree tree. Pleased with Gauri's devotion, Goddess Sushma again created Maulshree and gifted her the sacred Maulshree plant and a Brahmadanda made of Maulshree. If nature has selected the card number eighty-seven, it means that the person in question will get the solution by worshiping or serving nature.

88.शैतानकावृक्ष : असुर मानव की वासनाएं उनकी मृत्यु तक शांत नहीं हुई जिसके कारण मरने के बाद उनकी आत्माएं भूखी होकर भटकने लगी। देवी सुषमा ने बबूल, बेर और इमली जैसे वृक्षों में ऐसी शक्तियां भरी जिसके कारण भटकती आत्माओं को यह वृक्ष खींचकर एक सीमा रेखा के साथ स्थापित कर देते थे। ऐसा होने के कारण ये अमुक्त आत्माएं भटकना बंद कर देती थी किन्तु ऐसी आत्माओं की सीमा रेखा में प्रवेश का तात्पर्य है कि विपत्ति को न्योता देना। यदि प्रकृति ने कार्ड नंबर अट्ठासी का चयन किया है तो इसका तात्पर्य यह है कि जिसके संबंध में प्रश्न है उसने किसी विपत्ति की सीमा रेखा में प्रवेश किया है।

88. Devil's Tree: The desires of the demonic humans were not quenched till their death due to which after death their souls started wandering hungry. Goddess Sushma filled trees like acacia, plum and tamarind with such powers due to which these trees used to pull the wandering souls and establish them along a boundary line. Due to this, these unliberated souls would stop wandering, but entry of such souls into the boundary line means inviting disaster. If nature has selected card number eighty-eight, it means that the person in question has entered the borderline of some calamity.

89.केलाऔरबेरवृक्ष कासंग: केला और बेर के वृक्ष में संग नहीं हो सकता । यदि केले के वृक्ष और बेर के वृक्ष को आसपास लगाया जाए तो बेर हवा में झूमता है जिसके कारण केले के पत्ते फटने लगते हैं । यदि प्रकृति ने कार्ड नंबर नवासी का चयन किया है तो इसका तात्पर्य यह है कि जिसके संबंध में प्रश्न है उसे हानिकारक मित्र संग का संकेत है ।

89. With Banana and Plum tree: Banana and plum tree cannot get along. If a banana tree and a plum tree are planted nearby, the plum tree swings in the wind due to which the banana leaves start bursting. If nature has selected the card number Navasi then it means that the person in question is a sign of a deceitful friend.

90.अंतरग्नि : प्राणवायु के संपर्क में अंतरग्नि प्रज्वलित रहती और कर्म करने की दिव्य ऊर्जा प्रदान करती है । यदि प्रकृति ने कार्ड नंबर नब्बे का चयन किया है तो इसका तात्पर्य यह है कि जिसके संबंध में प्रश्न है उसे अपनी अंतरग्नि को धैर्यपूर्वक बचाकर उसका सही कर्म पर उपयोग करना चाहिए ।

90. Inner fire: The Inner fire remains lit in contact with vital air and provides divine energy to perform work. If nature has selected the card number ninety, then it means that the person in question should patiently save his inner fire and use it for the right action.

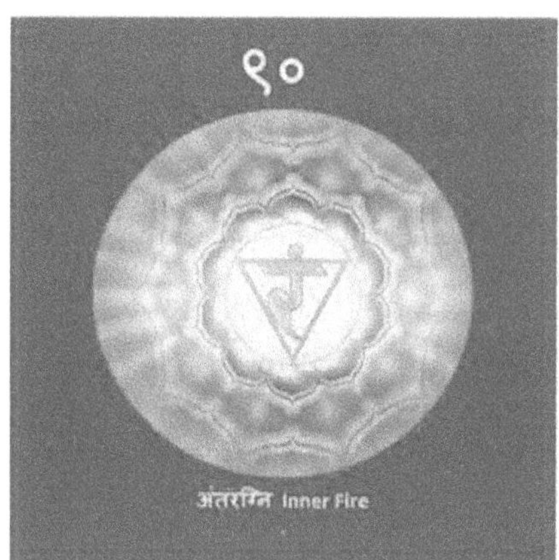

91. सूर्यउदय : सूर्योदय पृथ्वी पर जीवन की ऊर्जा बिखेरता है जिसके प्रभाव से प्रत्येक प्राणी अपने कर्म का पुनः आरंभ करते हैं । यदि प्रकृति ने कार्ड नंबर इक्यानबे का चयन किया है तो इसका तात्पर्य यह है कि जिसके संबंध में प्रश्न है उसे जीवन की ऊर्जा प्राप्त होगी ।

91. Sunrise: Sunrise spreads the energy of life on the earth, due to which every living being restarts his work. If nature has selected the card number ninety one then it means that the person in question will receive the energy of life.

92. सूर्यास्त : सूर्यास्त होने पर सूर्य की दिव्य ऊर्जा का प्रभाव समाप्त होने लगता है जिसके कारण रात्रि मे असुरीय शक्तियों का प्रभाव बढ़ जाता है । यदि प्रकृति ने कार्ड नंबर बानबे का चयन किया है तो इसका तात्पर्य यह है कि जिसके संबंध में प्रश्न है उसके जीवन में दिव्य ऊर्जा का प्रभाव समाप्त हो गया है और अंधकार बढ़ गया है ।

92. Sunset: At sunset, the effect of the divine energy of the Sun begins to end, due to which the influence of demonic powers increases at night. If nature has selected the card number ninety-two, it means that the influence of divine energy has ended in the life of the person in question and darkness has increased.

93. **देवीसुषमाकावाहन :** देवी सुषमा ने एक मंडूक प्रजाति का उभयचर प्राणी बनाया । देवी सुषमा ने इस प्रजाति के सबसे कुशल मंडूक टरटराज को अपने वाहन के रूप में चुना । यदि प्रकृति ने कार्ड नंबर तिरानबे का चयन किया है तो इसका तात्पर्य यह है कि जिसके संबंध में प्रश्न है उसके जीवन में सुखद यात्रा का संकेत है ।

93. The Vehicle of Goddess Sushma: Goddess Sushma created an amphibian creature of the Manduk species. Goddess Sushma chose the most efficient paddock of this species 'Tartaraja' as her vehicle. If nature has selected the card number ninety-three, it means that the person in question is going to have a pleasant journey in his life.

94. **मूसासुर:** असुर सम्राट तमराज ने मूसकों के भीतर चोरी कर्म की नकारात्मक ऊर्जा दी जिसके कारण वे सदैव प्रकृति में चोरी कर्म करते। मूसकों ने सदैव मानव के घर में मानवों की हानि की। यदि प्रकृति ने कार्ड नंबर चौरानबे का चयन किया है तो इसका तात्पर्य यह है कि जिसके संबंध में प्रश्न है उसे चोरी द्वारा हानि का संकेत है।

94. Musasura : Asur Emperor Tamraj gave negative energy of theft in the Mouses, due to which they always commit theft in nature. Mouses always caused harm to humans in human homes. If nature has selected the card number ninety-four, it means that the person in question is facing loss due to theft.

95. **दिव्यझरना :** देवी सुषमा ने पिढियान ग्रह के एक सुंदर झरने में सदैव दिव्य ऊर्जा प्रवाह की शक्ति प्रवाहित कर दी। राज्य शिवायन ने यही पर दिव्य बगीचा भी बनाया। यदि प्रकृति ने कार्ड नंबर पंचानबे का चयन किया है तो इसका तात्पर्य यह है कि जिसके संबंध में प्रश्न है कि उसे प्राकृतिक स्थान की यात्रा करनी चाहिए जहां झरना हो। वहाँ की ऊर्जा उसे समाधान देगी।

95. Divine Waterfall: Goddess Sushma always made the power of divine energy flow in a beautiful waterfall of planet Pidhiyan. Rajya Shivayan also built a divine garden here. If nature has selected the card number ninety-five, it means that the person in question should travel to a natural place where there is a waterfall. The energy there will give him the solution.

जलभंवर: असुरीय शक्तियों को पृथ्वी पर अधिक शक्ति की आवश्यकता होती थी जिसके लिए इन्हें जीवों के मृत शरीर की आवश्यकता होती थी। असुर अपनी शक्तियों के प्रभाव से समुद्र में जल भंवर का निर्माण करते और जीवधारियों को निगल लेते थे। यदि प्रकृति ने कार्ड नंबर छियानबे का चयन किया है तो इसका तात्पर्य यह है कि जिसके संबंध में प्रश्न है उसे आगामी किसी बड़े संकट की आशंका है।

96. Water whirlpool : Demonic powers needed more power on earth for which they needed dead bodies of living beings. With the influence of their powers, the demons used to create whirlpools in the ocean and swallow living beings. If nature has selected the card number ninety-six, then it means that the person in question is afraid of some major crisis in the future.

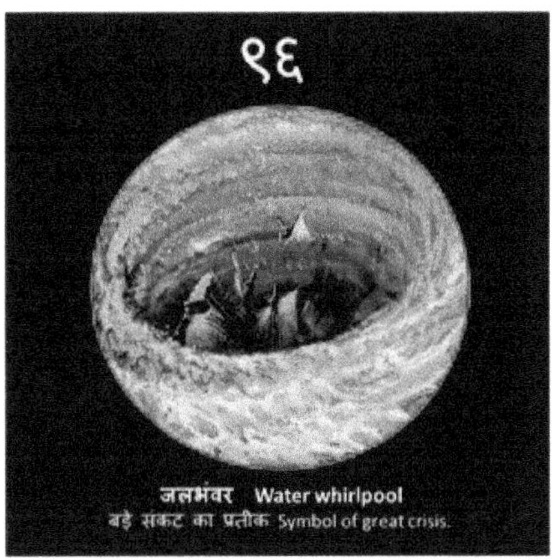

97. **द्वारकेश:** विष्णु के अवतार कृष्ण ने समुद्र के तट पर द्वारिका नामक नगर बसाया। हिन्दू धर्म में इसे इतिहास के पवित्र नगर के रूप में जाना गया। यदि प्रकृति ने कार्ड नंबर सत्तानबे का चयन किया है तो इसका तात्पर्य यह है कि जिसके संबंध में प्रश्न है उसे राजयोग के मार्ग से समाधान मिलेगा जिससे उसे राजयोग प्राप्ति होगी। राजयोग दंड के द्वार का मार्ग भी श्रेष्ठ है।

97. Dwarkesh: Krishna, the incarnation of Vishnu, established a city named Dwarka on the sea coast. In Hindu religion it was known as a holy city of history. If nature has selected the card number ninety-seven, then it means that the person regarding whom there is a question will get the solution through the path of Rajyoga which will lead to Rajayoga. The path to the door of Rajyoga punishment is also the best.

98. तेरहानकेगुलाम : तेरहान कुलके हिंसक लोग समुद्र के जहाजों को लूट लेते थे और यात्रियों को गुलाम बना लेते थे। इन गुलामों का जीवन अत्यंत दुखदायी होता था। गुलामों के मालिक इन गुलामों को यातना देते थे। यदि प्रकृति ने कार्ड नंबर अट्‌ठानबे का चयन किया है तो इसका तात्पर्य यह है कि जिसके संबंध में प्रश्न है उसे गुलामी का जीवन दुख प्रदान कर रहा है।

98. Slaves of Terhan: Violent people of Terhan clan used to plunder sea ships and enslave the passengers. The life of these slaves was very painful. The slave owners used to torture these slaves. If nature has selected the card number ninety-eight, then it means that the life of slavery is causing misery to the person in question.

99. विकृतचक्र : रथ कापहिया विकृत होने पर उससे यात्रा का प्रयास असंभव हो जाता है। यदि प्रकृति ने कार्ड नंबर निन्यानबे का चयन किया है तो इसका तात्पर्य यह है कि जिसके संबंध में प्रश्न है वह अपने असंभव कार्य को संभव करने का प्रयास कर रहा है जिसके कारण उसकी ऊर्जा नष्ट हो रही।

99. Warped wheel: If the wheel of the chariot is deformed, the attempt to travel with it becomes impossible. If nature has selected the card number ninety nine then it means that the person in question is trying to make his impossible task possible due to which his energy is getting wasted.

100.पुनःप्रयासकाचक्रः प्रश्नकर्ता हेतु पुनः कार्ड का चयन प्रकृति को प्रदान होगा। ब्रह्मदंड हेतु प्रत्येक प्रयास के कार्ड नंबर को एकसाथ जोड़ना होगा।

100.The Cycle of Retry: Nature will provide the questioner with the choice of card again. For Brahmadand, the card numbers of each attempt will have to be added together.

Nature prediction Cards = Ajna Tarot Cards

2

प्रकृति संज्ञान विद्या 2 (Nature Cognition Vidya 2)

प्रकृति संज्ञान की मूल विद्या

Basic knowledge of nature cognition

यह प्रकृति संज्ञान की मूल विद्या है । इस विद्या के अनेक स्वरूप भारतीय ज्योतिष और तंत्र के ग्रंथों में है जिसमें से सामुद्रिक शास्त्र , कौआ प्रश्न संज्ञान आदि है । सामुद्रिक शास्त्र में शरीर की प्रकृति देखकर प्रश्न का उत्तर दिया जाता है और कौआ प्रश्न संज्ञान में कौआ के बोलने, उड़ने, दिखने और गति को देखकर उत्तर दिया जाता है । प्रश्न को समझने और उसका उत्तर जाने के लिए आपके नेत्र और बुद्धि महत्वपूर्ण है । यदि आप दोनों नेत्रों से जो देखते हैं और उसे देखकर अपनी बुद्धि द्वारा उस विशेष चिन्ह को पढ़ लेते हैं तो आप बहुत कुछ जान सकते हैं । यदि किसी का आज्ञा चक्र जाग्रत हो जाए तो तीसरा नेत्र भी चिन्ह दिखाता हैं किन्तु उसे भी समझना बुद्धि का कार्य है ।

This is the basic knowledge of nature cognition. There are many forms of this knowledge in the texts of Indian Astrology and Tantra, among which are Samudrik Shastra, Crow Question Cognition etc. In Samudrika Shastra, the question is answered by looking at the nature of the body and in crow question cognition, the answer is given by looking at the speaking, flying, appearance and movement of the crow. Your eyes and intelligence are important to understand the question and know its answer. If you can read and understand what you see with both eyes and use your intellect to understand that particular symbol, then you can know a lot. If someone's Ajna Chakra is awakened then the third eye also shows signs in the form of visuals, but understanding that too is a task of the intellect.

प्रकृति संज्ञान विधि

1. आपको पहले प्रश्न को सुनना है फिर आपको संकल्प लेना है । संकल्प – हे देवी प्रकृति मै नेत्र बंद करके अपने स्थान से गोल-गोल घूमूँगा और आपके मंत्र का ग्यारह बार जप करूंगा (जप उंगलियों की रेखाओं द्वारा मन में जप करना है)। हे देवी प्रकृति ग्यारह जप के अंतिम अक्षर पर मै थम जाऊंगा और दोनों नेत्र खोलूँगा । मुझे 0° अंश (बिल्कुल सामने) पर जो दृश्य दिखाई देगा उसे ही मै चिन्ह मानकर उसके उत्तर को समझूँगा ।

1. First you have to listen to the question and then you have to take a resolution. Resolve – O Goddess Nature, I will rotate from my place with my eyes closed and will chant your mantra eleven times (chanting is chanting in the mind through the lines of the fingers). O Goddess Nature, I will stop on the last syllable of the eleventh chant and open both my eyes. I will consider the scene I see at 0° (exactly in front) as a symbol and understand its answer.

1. इस प्रकार संकल्प लेने के बाद आपको गोल-गोल घूमते हुए यह मंत्र ग्यारह बार पढ़ना है । "ॐ प्रकृति देव्यै नमः ।।" । जैसे ही ग्यारहवें मंत्र के शब्द का अंतिम अक्षर समाप्त हो आपको वहीं रुक जाना है और दृष्टि सामने रखते हुए नेत्र खोलना है ।

2. After taking this resolution, you have to recite this mantra eleven times while rotating from your place. "Om Prakriti Devyai Namah." As soon as the last syllable of the word of the eleventh mantra ends, you have to stop there and open your eyes while keeping your vision in front.

3. आपको देखना है कि सामने क्या दिख रहा है और आपको उस दृश्य को उत्तर का चिन्ह समझकर पढ़ने का प्रयास करना है ।

3. You have to see what is visible in front of you and you have to try to read that scene considering it as a sign of the answer.

4. कभी-कभी आप यात्रा कर रहे होते हैं और आप उस समय खिड़की से हर समय एक नया दृश्य देख रहे होते हैं । यदि ऐसे समय आपसे किसी ने प्रश्न किया तो गोल घूमने की आवश्यकता नहीं है या गाड़ी से उतारने की आवश्यकता नहीं है । बस आपको खिड़की के बाहर अपनी दृष्टि रखकर नेत्र बंद करना है और ग्यारह बार मंत्र का संकल्प लेना है फिर मंत्र करना है । अंतिम मंत्र का आखिरी अक्षर समाप्त होते ही तुरंत नेत्र खोलें और यात्रा के समय दिखाई देने वाले पहले दृश्य को याद कर ले क्योंकि दृश्य प्रतिक्षण बदल रहा है । आप याद किए गए दृश्य पर ध्यान लगाएं और उस चिन्ह से उत्तर जानने का प्रयास करें ।

4. Sometimes you are traveling and you are seeing a new view from the window all the time. If someone asks you a question at such a time, there is no need to go around or get out of the car. All you have to do is keep your eyes outside the window and close your eyes and take a pledge for the mantra eleven times and then chant the mantra. As soon as the last syllable of the last mantra ends, immediately open your eyes and remember the first scene you see during the journey because the scene is changing every moment. Concentrate on the scene you remember and try to find the answer from that symbol.

हाँ और न के प्रश्न उत्तर में – यह विशेषकर आप स्वयं अपने लिए प्रयोग कर सकते हैं किन्तु आवश्यकता पड़ने पर आप कहीं भी प्रयोग कर सकते हैं । कुछ प्रश्न में सिर्फ हाँ या न ही उत्तर देना है । जैसे – वहाँ जाना ठीक है अथवा नहीं ?, यह कार्य होगा अथवा नहीं ? ऐसे प्रश्नों के उत्तर के लिए दो विधि सामान्य है ।

In answer to yes and no questions – you can use this especially for yourself but if needed, you can use it anywhere. Some questions require only yes or no answers. Like – is it okay to go there or not?, will this work or not? There are two common methods to answer such questions.

1. आप एक सिक्का लें जिसमें हेड और टेल दोनों अलग आकृति के हों । आप पहले संकल्प करें कि –"हे देवी प्रकृति मुझे आपके दिए उत्तर पर पूर्ण विश्वास है, यह सिक्का उछालूँगा, सिक्का गिरने के बाद जो ऊपर आता है वह "हाँ" का उत्तर समझूँगा , एवं दूसरी बार सिक्का उछालने पर जो आए उसे उत्तर समझूँगा । ऐसा करके आप सिक्का उछालते हैं और जो भाग ऊपर है वह "हाँ" है और नीचे का भाग "न" है । आप इस "हाँ" वाले भाग को याद रखें और सिक्का पुनः उछालें । यदि "हाँ" वाला भाग ऊपर है तो प्रश्न का उत्तर हाँ है और "न" वाला भाग ऊपर आए तो प्रश्न का उत्तर न है ।

1. You take a coin in which both head and tail are of different shapes. First of all, you should resolve that - "O Goddess Nature, I have full faith in the answer given by you, I will toss this coin, the answer that comes up after the coin falls will be considered as "yes", and the answer that comes up after the second toss of the coin will be considered as the answer. . By doing this you toss a coin and the top part is "yes" and the bottom part is "no". You remember this "yes" part and toss the coin again. If the "Yes" part is on top then the answer to the question is 'Yes' and if the "No" part is on top then the answer to the question is 'No'.

2. विधि दो और भी आसान है । यहाँ आपको "हाँ" या "न" देखने के बजाय सकारात्मक या नकारात्मक उत्तर की पहचान करनी है । जैसे किसी ने पूछा कि उसका मित्र अस्पताल में गंभीर रूप से बीमार है , क्या वह मर जाएगा । आप समझेंगे कि "हाँ" में सभी उत्तर सकारात्मक नहीं हैं । यहाँ मरना शब्द "हाँ" के उत्तर में होते हुए भी नकारात्मक है । राह चलते कोई ऐसा प्रश्न पूछे तो आप अपने स्वर की जांच करें (जांच करें कि नासिक के किस छिद्र से श्वास चल रही । यदि दाईं नासिका से श्वास चल रही तो उत्तर सकारात्मक है अर्थात वह अस्पताल में जीवन को प्राप्त करेंगे और बच जाएंगे । यदि श्वास बाईं नासिका से चल रही तो वह मृत्यु को प्राप्त करेंगे ।

2. Method two is even easier. Here you have to identify the positive or negative answer instead of looking at "yes" or "no". Like someone asked his friend who was seriously ill in the hospital, whether he would die. You will understand that not all "yes" answers are positive. Here the word die is negative even though it is the answer to "yes".

If someone asks such a question while walking, check your voice (check from which nostril the breath is coming). If breathing is going on through the right nostril then the answer is positive i.e. he will get life in the hospital and will be saved. If breathing continues through the left nostril, he will die.

<u>चिन्हों को समझना :</u> प्रकृति संज्ञान विधि में जब आप ग्यारह मंत्र के बाद आँख खोलते हैं तब आपको शून्य अंश पर एक दृश्य दिखाई दे रहा । यह मै नहीं देख रहा हूँ कि आपको किस दृश्य का सामना करना पड़ेगा इसलिए यह आपके एक वर्ष के स्वयं के अभ्यास से ही सिद्ध हो सकेगा । मै आपकी सहायता के लिए कुछ विशेष वाक्यों को रखता हूँ जो निम्नलिखित हैं –

1. यदि दृष्टि के सामने किसी पौधे पर ताजा पुष्प दिखाई दे तो समझें कि उत्तर सकारात्मक है और यदि सूखा पुष्प है तो नकारात्मक है ।
2. फटी दीवार नकारात्मक और पेंट की हुई मजबूत दीवार सकारात्मक है ।
3. पेड़ पर लटका हुआ फटा कपड़ा यदि लाल है तो जसीके संबंध में प्रश्न है उसके ऊपर किसी टोने का प्रयोग हुआ है । यदि वह लटका हुआ कपड़े का टुकड़ा किसी महिला का है तो यह टोना किसी महिला द्वारा किया गया है ।
4. पेड़ पर लटका हुआ फटा कपड़ा यदि हरा है तो इसका तात्पर्य है कि जीवन ऊर्जा सुख रही है । अब यदि बारिश हो गई हो और हरा कपड़ा गीला हो तो तात्पर्य है कि जीवन ऊर्जा को पुनः विकसित होने का अवसर मिलेगा , चिंता की बात नहीं ।
5. खुली खिड़की मार्ग मिलने का प्रतीक है और बंद खिड़की मार्ग अवरुद्ध होने का ।
6. हरा पेड़ सकारात्मक और सूखा पेड़ नकारात्मक है ।
7. यह सकारात्मक और नकारात्मक जानना महत्वपूर्ण नहीं है बल्कि उस दृश्य को और अधिक ध्यान से देखकर समझना कि यह क्या इंगित कर रहा यह बात महत्वपूर्ण है ।

<u>प्राचीन प्रकृति संज्ञान विद्या में विशेष बात है अनुभव :</u> इस विद्या में महत्वपूर्ण बात है कि निरंतर अनुभव द्वारा इस ज्ञान को समृद्ध करना । दूसरी बात कि इस विद्या के प्रयोग से आप नित्य प्रकृति के साथ और अधिक घनिष्ठ होते जाते हैं । प्रकृति यही चाहती है कि आप उसके साथ घनिष्ठता बढ़ाएं । जितनी घनिष्ठता बढ़ती है उतना ही आपको बेहतर उत्तर प्राप्त होता है । यहाँ दृश्य को देखकर चिन्ह मानना और उसे समझने का प्रयास करने के लिए आपको मनोविज्ञान , विवेक और दर्शन शास्त्र की विद्या की आवश्यकता है । उदाहरण कि आपको हरे पेड़ की शाखा दिखी तो आप उसे और ज्यादा गहराई से देखें , शाखा ने आपको गांठ या छिद्र भी दिख सकता है अथवा शाखा पर कोई चींटी किसी मृत जीव को घसीट रही हो । अब यहाँ शाखा उपदृश्य बन गया और मुख्य दृश्य गांठ, छिद्र या चींटी हो गया । ऐसा भी हो सकता है कि शाखा की छाल में घाट हुआ haई या अपने स्थान पर नहीं है । यह उपरोक्त बात का तात्पर्य है कि बारीकी से दृश्य को देखना । क्योंकि जब तक आप उपदृश्य को दृश्य समझ रहे हैं तब तक आपको सही उत्तर नहीं प्राप्त हो रहा है । यहाँ हरे पेड़ की शाखा यदि उपदृश्य है तो वह चिन्ह उसकी तरफ संकेत करता है जिसके विषय में प्रश्न है (जिसके संबंध में प्रश्न है उसे जातक कहते हैं)आगे मुख्य दृश्य गांठ का तात्पर्य जातक की किसी के संबंध में गांठ बन गई है । शाखा की छाल निकालने का तात्पर्य है कि जातक के सम्मान को ठेस लगी है । इस अध्याय के अनुसार यह विद्या मूल और प्राचीन है किन्तु सबकुछ पुस्तक से सीखने में वह आनंद नहीं है तो आप प्रयोगों और परीक्षण के साथ सीखते हैं ।

Understanding the symbols: 'In nature cognition method, when you open your eyes after eleven mantras, you see a scene at zero degree. I am not seeing what scenario you will have to face, so this can be proved only by your own practice of one year. I have kept some special sentences for your help which are as follows –

1. If you see a fresh flower on a plant in front of you, then understand that the answer is positive and if there is a dry flower then it is negative.

2. A cracked wall is negative and a strong painted wall is positive.

3. If the torn cloth hanging on the tree is red, then some witchcraft has been used on the person in question. If that hanging piece of cloth belongs to a woman then this witchcraft has been done by a woman.

4. If the torn cloth hanging on the tree is green, it means that the life energy is drying up. Now if it has rained and the green cloth is wet, it means that the life energy will get a chance to develop again, there is no need to worry.

5. An open window symbolizes finding a way and a closed window symbolizes a blocked way.

6. Green tree is positive and dry tree is negative.

7. It is not important to know the positive and negative but to look more carefully at the scene and understand what it indicates.

The special thing in ancient nature knowledge science is experience: The important thing in this science is to enrich this knowledge through continuous experience. Secondly, by using this knowledge, you become more close to nature every day. Nature wants you to grow closer to it. The more intimacy increases, the better answers you get.

Here, to see the scene, consider it a sign and try to understand it, you need the knowledge of psychology, wisdom and philosophy. For example, if you see a branch of a green tree, then you look at it more deeply, you may also see a knot or a hole in the branch or an ant may be dragging a dead creature on the branch. Now here the branch became a sub-view and the main view became a lump, hole or ant. It may also happen that there is a gap in the bark of the branch or it is not in its place. What is meant by the above is to look closely at the scene. Because as long as you consider the sub-view as the view, you are not getting the right answer. Here, if the branch of a green tree is a sub-scene, then that symbol points towards the person about whom there is a question (the one about whom there is a question is called the person). Next to the main scene, the meaning of knot is that the person has become knotted in relation to someone. Removing the bark from a branch means that the person's honor has been hurt. According to this chapter, this knowledge is original and ancient but there is no joy in learning everything from a book, so you learn with experiments and testing.

<u>प्रकृति संज्ञान विद्या के साथ परीक्षा न करें</u> : यदि आपने सिर्फ परीक्षण करके देखा और आप चिन्ह को नहीं पढ़ सके तो किसी एक प्रश्न पर बार-बार प्रयास का कोई नियम नहीं । यहाँ विश्वास महत्वपूर्ण है । आपको विश्वास होना चाहिए कि प्रकृति एक शक्ति है और वह सही उत्तर अवश्य देगी । यदि आप ऐसा विश्वास करते हैं तो सिर्फ विश्वास ही महत्वपूर्ण नहीं है बल्कि शत प्रतिशत विश्वास महत्वपूर्ण होगा । कभी-कभी आपको दृश्य मिलता है किन्तु उत्तर नहीं मिलता तो तुरंत पुनः गोल-गोल घूमने के बजाय आप पहले प्रकृति का ध्यान करें और बोलें कि हे देवी प्रकृति – आपने अपने दृश्य के द्वारा मुझे सही उत्तर दिया किन्तु आपकी बुद्धिक्षमता उसे पढ़ने में असफल है अतः हे देवी – मेरे दूसरे प्रयास में मुझे आसान दृश्य प्रदान करें । इस प्रकार आप किसी एक प्रश्न पर सिर्फ दूसरी बार प्रयास कर सकते हैं ।

Don't test with Nature Cognition: If you just tried the test and you couldn't read the symbol, there is no rule for attempting a question again and again. Trust is important here. You must believe that nature is a force and it will definitely give the right answer. If you believe like this then not only belief is important but 100% belief will be important. Sometimes you get a vision but do not get the answer, then instead of immediately turning again, first meditate on nature and say, O Goddess Nature – You gave me the right answer through your vision but your intelligence is unable to read it, hence O Goddess. – Provide me with easy view in my second attempt. In this way you can attempt a question only the second time.

मै इस विद्या का अनुभवी हूँ और मैंने कुछ लोगों को इसे सिखाया भी किन्तु इस विद्या का प्रयोग करने के लिए दृश्य को देखना और चिन्ह को समझना सबके लिए आसान नहीं है । मुझे भय है कि मेरे बाद इस विद्या का अंत तो नहीं हो जाएगा । मैंने इसके उत्तर के लिए प्रकृति से प्रश्न नहीं किया । बस मैंने ठान लिया कि इस प्राचीन विद्या को उन लोगों तक पँहुचाना है जो इसकी प्रतीक्षा कर रहे हैं । कभी-कभी आप जो ठान लेते हैं वह आप बदल सकते हैं । मुझे दो ज्योतिषियों ने बताया कि आप अपने पिता से वैचारिक मतभेद रखेंगे और उनकी मृत्यु के समय उपस्थित नहीं रहेंगे । मुझे यह उचित नहीं लगा और मैंने ठान लिया । मैंने पिता से कभी मतभेद किया नहीं । मै गुजरात में और पिता अपनी पूर्वजों की भूमि उत्तर प्रदेश में थे । पिता 73 वर्ष के हो चुके थे और नित्य योग् करते और क्लिनिक जाते । वे होम्योपैथी डॉक्टर थे । मैंने विचार किया कि पिता अब बूढ़े हैं किन्तु बुढ़ापे में मृत्यु का क्या भरोसा । वे अगले 20 वर्ष भी जी सकते है और शायद 10 वर्ष के भीतर भी अंतिम समय या सकता है । मैंने ठान लिया था कि उनके अंतिम समय तक उनके साथ रहना है । 2021 में मै परिवार को लेकर उत्तर प्रदेश आ गया और पिता से बोला कि अब मै यहीं रहूँगा । शायद यह ईश्वर बैठा देख रहा था । ईश्वर ने ज्योतिषी की बात को सिद्ध करने का भी एक अवसर दे दिया । मुझे अहमदाबाद से आए सिर्फ एक सप्ताह हुआ था तभी मुझे गुजरात सरकार एक विशेष चेक लेने अहमदाबाद निकालना पड़ा । दूसरे दिन मैंने चेक लिया और तीसरे दिन मै बाजार में प्रोजेक्टर खरीदने एक दुकान पर खड़ा था । तभी मेरे बड़े बेटे का फोन आया कि पिताजी को अटैक आया है । मैंने सुनते ही अपने एक मित्र को फ़ो लगाया और पहली फ्लाइट बुक करने को बोला । अहमदाबाद से प्रयाग के लिए सायं की फ्लाइट मिली और मै फ्लाइट से सुबह प्रयागराज पहुँच गया । पिताजी मेरे चचेरे भाई के घर पर थे । मैंने वहाँ से तुरंत उन्हें एक बढ़िया प्राइवेट अस्पताल मे एडमिड कराया । मैंने पूरा प्रयत्न किया और वह किया जो-जो डॉक्टर ने बोला किन्तु सायं के समय पिताजी ने मुझे देखा और एक बार जी श्रीराम बोला फिर कुछ देर में प्राण त्याग दिए । ईश्वर ने मेरे जाते ही उन्हें जीवन में पहली बार अटैक दिया क्योंकि ईश्वर को अब ज्ञात हो गया कि ऐसे तो ब्रह्म ने जो घटना लिखी है वह अधूरी रह जाएगी या शायद ईश्वर ज्योतिषी की बात को सत्य करने के लिए एक अवसर देना चाहते थे । यह मेरी परीक्षा जैसा था क्योंकि ईश्वर ने मुझे दूसरे दिन सायं तक का समय भी दिया था । मै उस दिन प्रातः ही पँहुच गया और उनकी सेवा का भी अवसर मिला एवं उनकी मृत्यु के समय से लेकर उनकी अंतिम क्रिया भी किया ।

I am experienced in this knowledge and I have taught it to some people but it is not easy for everyone to see the scene and understand the symbols to use this knowledge. I fear that this knowledge will come to an end after me. I did not question nature for its answer. I just decided that this ancient knowledge has to reach those people who are waiting for it. Sometimes you can change what you decide. Two astrologers told me that you will have ideological differences with your father and will not be present at the time of his death. I did not find this appropriate and decided to do so. I never had any disagreement with my father. I was in Gujarat and my father was in his ancestral land of Uttar Pradesh. Father was 73 years old and used to do yoga daily and go to the clinic. He was a homeopathy doctor. I thought that father is old now but what is the hope of death at old age. They may live for the next 20 years and may even die within 10 years. I had decided to stay with him till his last moments. In 2021, I came to Uttar Pradesh with my family and told my father that now I will stay here. Perhaps this God was sitting and watching. God also gave an opportunity to prove the astrologer's point. It had been only a week since I came from Ahmedabad, when I had to go to Ahmedabad to collect a special check from the Gujarat government. On the second day I took the check and on the third day I was standing at a shop in the market to buy a projector. Then I got a call from my elder son that father had an attack. As soon as I heard, I called one of my friends and asked him to book the first flight. Got an evening flight from Ahmedabad to Prayag and I reached Prayagraj in the morning by flight. Dad was at my cousin's house. From there I immediately got him admitted to a good private hospital. I tried my best and did whatever the doctor said but in the evening father looked at me and said Ji Shri Ram once and then after some time he breathed his last. As soon as I left, God attacked him for the first time in his life because God now knew that the incident that Brahm had written would remain incomplete or perhaps God wanted to give him an opportunity to make the astrologer's words true. This was like a test for me because God had given me time till the evening of the next day. I reached there that morning and got the opportunity to serve him and also performed his last rites from the time of his death.

यह उपरोक्त बातें इसलिए हैं कि जब कोई प्रश्नकर्ता को आप नकारात्मक उत्तर दें फिर भी उसने ठान लिया है। यदि उसने पूरे मन से ठान लिया है तो वह अवश्य भविष्य की उस घटना को बदल सकता है। आपके सामने भी इस तरह की घटना घटित हो सकती है।

These above mentioned things are because even when you give a negative answer to a questioner, he is still determined. If he is determined with all his heart then he can definitely change that future event. This type of incident can happen to you too.

3

नौ दिव्य दंड(Nine Divyadand)

वर्तमान समय में आपने शायद ब्रह्मदंड और राजदंड के बारे में सुना होगा । ऋषिकाल में दंडधारण भी एक धार्मिक प्रक्रिया थी । वस्तुतः ऋषिकुल को यह ज्ञात था कि मानव सदैव स्वयं के प्रकृति चक्र को तोड़ने का प्रयास करेगा जिसके कारण वह स्वयं संकट को आमंत्रित करता रहेगा । जीवन में आने वाले सभी प्रकार के संकट में दोष सिर्फ पूर्व कर्म का है । प्रकृति चक्र से बाहर निकलने वाले मनुष्य के साथ दिव्य ऊर्जा का प्रवाह रुक जाता है जिसके कारण उसे संकट और दुर्भाग्य का सामना करना पड़ता है । कुछ लोग कहते हैं कि वे प्रकृति चक्र को नहीं तोड़ते फिर भी वे समस्याओं से क्यों घिर गए हैं ? मै यही कहूँगा कि ऐसे लोगों को स्वयं की गहराई में जाने की आवश्यकता है । सबकुछ सही है किन्तु असत्य बोलने का सामान्य दुर्गुण भी आपको प्रकृति चक्र से बाहर ढकेल सकता है । सबकुछ सही है किन्तु लोगों को अपमानित करने का सामान्य स दुर्गुण भी आपको प्रकृति चक्र से बाहर कर सकता है ।

In the present times you might have heard about Brahmadanda and Rajdanda. Wearing a stick was also a religious process during the Rishi period. In fact, Rishikul knew that man will always try to break the cycle of his own nature, due to which he will keep inviting trouble. In all kinds of troubles that come in life, the fault lies only with past karma. The flow of divine energy stops with a person who comes out of Kriti Chakra due to which he has to face troubles and misfortunes. Some people say that they do not break the cycle of nature, yet why are they surrounded by problems? I would say that such people need to go deeper within themselves. Everything is right, but even the common vice of speaking untruth can push you out of the cycle of nature. Everything is right, but even the simple habit of insulting people can take you out of the cycle of nature.

दिव्यदंड के सामान्य नियम हमें प्रकृति चक्र में वापस लाते हैं और प्रत्येक दिव्य दंड के अलग नियम हमारी मूल प्रकृति के अनुसार हमें विशेष नियम प्रदान करके हमारी दिव्य ऊर्जा को बढ़ाती है । यदि आपने दिव्यदंड को धारण कर लिया तो इससे सौभाग्यशाली कोई वस्तु नहीं है । अलग-अलग धर्मों के अनुसार बहुत सी वस्तुएं फेंगसूई उत्पाद की तरह बाजार में बिक रही हैं जिसे हम सौभाग्यशाली मानते हैं । बहुत सी सौभाग्यशाली वस्तुएं जो मिलना असहज है जैसे बिल्ली की खेड़ी, दक्षिणमुखी शंख , पूर्णचन्द्र का मोरपंख या सर्पमणि । मुझे नहीं ज्ञात कि वास्तव में यह सौभाग्यशाली हैं अथवा नहीं किन्तु मुझे दो वस्तुएं प्राप्त हुई जिसके बारे में मै आपको बताता हूँ । मैंने एक बार दक्षिणमुखी शंख को खरीदा और उसी दिन मेरे साथ एक बहुत बुरी घटना घटी । मेरे घर में एक बिल्ली थी जिसने बच्चे पैदा किए । मुझे याद था इसलिए मैंने बिल्ली के खाने से पहले उसकी खेड़ी को निकाल लिया । बिल्ली हमेशा बच्चे पैदा करने के बाद खेड़ी को खा लेती है । इस वस्तु के आने से भी मुझे संकट का सामना करना पड़ा । मैंने इन दोनों वस्तुओं को उचित स्थान पर त्याग दिया ।

The general rules of Divya stick bring us back to the cycle of nature and the separate rules of each Divya stick enhance our divine energy by providing us with special rules according to our original nature. If you wear the divine rod then there is nothing more fortunate than this. According to different religions, many items are being sold in the market as Feng Sui products which we consider lucky. There are many lucky things which are difficult to get like cat's fur, south facing conch, full moon peacock feather or snake gem. I don't know whether it is really lucky or not but I got two things about which I will tell you. I once bought a Dakshinmukhi conch and on the same day a very bad incident happened to me. There was a cat in my house who gave birth to babies. I remembered so I took the cat's khedi (a substance that comes out of the womb after giving birth to a child). A cat always eats the khedi after giving birth to babies.

उपरोक्त उदाहरण का तात्पर्य है कि ऐसी वस्तुओं में विशेष ऊर्जा का प्रवाह हो सकता है किन्तु यदि आपकी फ्रीक्वेन्सी इस वस्तु के साथ तालमेल नहीं बिठाती तो यह हानिकारक हो सकता है ।

The above example implies that there can be a flow of special energy in such objects but if your frequency is not in sync with the object then it can be harmful.

दिव्यदंड में इन उपरोक्त वस्तुओं से कई गुना ज्यादा दिव्य ऊर्जा का प्रवाह बनता है । नियम न पालन करने पर यह खंडित हो सकता है किन्तु हानिकारक कभी नहीं हो सकता । नियम का पालन करने से दिव्यदंड की दिव्यशक्ति सदैव बढ़ती रहती है । यह दिव्यदंड जिस घर में रहता है वहाँ यह अनिष्ट को सदैव रोकता रहता है ।

In Divya stick, many times more flow of divine energy is created from these above mentioned items. If the rules are not followed, it may get broken but can never be harmful. By following the rules the divine stick power of the divine stick always increases. This divine stick rod always prevents evil in the house where it resides.

दिव्यदंड आपका जीवन साथी बनता है इसलिए यह सदैव साथ है तो आप कभी अकेले नहीं हैं । दिव्यदंड को नियम से जब प्राणप्रतिष्ठित किया जाता है तब इसमें प्राणऊर्जा का संचार हो जाता है इसलिए यदि आप इसे अपनी कोई बात बता रहें हैं तो यह सुन रहा है । दिव्यदंड के नौ प्रकार हैं ।

Divya stick becomes your life companion, hence it is always with you so you are never alone. When the Divya stick is consecrated as per the rules, it gets infused with life energy, hence if you are telling it something about yourself, it is listening. There are nine types of divine stick.

किसी के दिव्यदंड को ज्ञात करने की विधि:

Method to find out someone's Divyadand (divine stick)

- अध्याय एक के अनुसार नेचर प्रिडिक्शन कार्ड में जातक के लिए जिस कार्ड का चयन हुआ है उसे आपस में तब तक जोड़ें जबतक एकल अंक न प्राप्त हो जाएं । इस एकल अंक को दिव्यदंड का क्रम समझें । क्रम के अनुसार दिव्यदंड का चयन करें ।
- जिन्हें कार्ड विधि के अतिरिक्त अन्य किसी विधि द्वारा अपने अनुकूल दिव्यदंड का ज्ञान करना है वे भारत के कैलेंडर के अनुसार अपनी जन्म तिथि, वार और संवत को ज्ञात करें । रविवार-1. सोमवार-2, मंगलवार-3. बुधवार-4. गुरुवार-5, शुक्रवार-6, शनिवार-7 इस प्रकार वार के अंक जानें । अब तिथि , वार के अंक और संवत को एक साथ तब तक जोड़ें जब तक एकल अंक प्राप्त हो जाएँ । इस एकल अंक को दिव्यदंड का क्रम समझें । क्रम के अनुसार दिव्यदंड का चयन करें ।
- ? According to Chapter One, add the cards selected for the person in the Nature Prediction Card until a single number is obtained. Consider this single number as a sequence of Divyadand . Select the Divyadand as per the order
- ? Those who want to know their favorable Divyadand by any method other than the card method, should know their date of birth, year and Samvat according to the Indian calendar. Sunday-1. Monday-2, Tuesday-3. Wednesday-4. Know the numbers of Thursday-5, Friday-6, Saturday-7 in this way. Now add the digits of Tithi, Vaar and Samvat together until a single digit is obtained. Consider this single number as a sequence of Divyadand. Select the Divyadand as per the order.

दिव्यदंड के प्रकार

1. ब्रहमदंड
2. राजदंड
3. कर्मदण्ड
4. योगीदण्ड
5. प्रकृतिदंड
6. त्रिकाल दंड या समय दंड
7. सूर्यचन्द्र दंड
8. परमार्थ दंड
9. आनंददंड

Types of divine stick

1. Brahma stick

2. Scepter
3. Karma stick
4. Yogi stick
5. Nature stick
6. Trikaal stick or Time Penalty
7. Suryachandra stick
8. Charitable stick
9. Anand stick

दिव्यदंड धारण करने से पहले सिद्धिकाल

यदि कोई दिव्यदंड धारण करना चाहता है तो उसे हिन्दू कलेंडर के अनुसार किसी माह की प्रथम तिथि से लेकर माह की अंतिम तिथि तक सिद्धिकाल माना जाएगा । सिद्धिकाल के अंतर्गत एक माह तक निम्नलिखित नियमों का पालन किया जाए और स्वयं को दिव्यदंड धारण करने योग्य बनाया जाए । यदि किसी दिन नियम पालन छूट जाए तो माह की समाप्ति के बाद उतने दिनअतिरिक्त सिद्धिकाल का पालन किया जाए जितने दिन नियम भंग हुआ है ।

सिद्धिकाल के नियम –

Siddhikaal (Accomplishment Period) before wearing the divine stick

If someone wants to wear Divya stick, then according to the Hindu calendar, it will be considered as Siddhikaal from the first date of any month till the last date of the month. During Siddhikaal, the following rules should be followed for one month and one should make oneself eligible to wear the divine stick.If on any day the rule is missed then after the end of the month additional Siddhikaal should be followed for that number of days on which the rule has been broken.

Rules of Siddhikaal –

1. ब्रह्ममुहूर्त जागरण करके ब्रह्ममुहूर्त की समाप्ति से पहले शौच, स्नान और ध्यान पूरा कर लें ।
2. After awakening the Brahmamuhurta, complete defecation, bath and meditation before the end of Brahmamuhurta.
3. सिद्धिकाल में असत्य न बोलें, किसी को सताएं नहीं, चोरी न करें, अपव्यय न करें और अपनी ज्ञानेंद्रियों को भोग या स्वाद से बचाकर रखें ।(यहाँ इंद्रियों के संतुलन को समझना होगा । हम जब जीभ से स्वाद चाहते हैं तब हम निर्णय करते हैं कि क्या खाना या पीना है । आपको मीठा खाने की इच्छा है तो आप गुलाबजामुन की कल्पना करके उसे खरीद कर खा सकते हैं अथवा आप मीठे खजूर या गुड को भी चुन सकते हैं । यहाँ गुलाबजामुन आपके स्वाद की पूर्ति कर रहा है किन्तु वह शरीर को हानि भी कर रहा है किन्तु खजूर से शरीर को पोषण मिल रहा है । यहाँ गुलाबजामुन का चयन का चयन सिद्धिकाल के नियम को भंग कर रहा है किन्तु एक संतुलित मात्र में खजूर का चयन नहीं , ज्ञानेंद्रियाँ – आँख, कान, नाक, जीभ और त्वचा) । यहाँ त्वचा से संबंधित स्पर्श का कार्य है , अतः स्पर्श से क्षणिक सुख की लालसा भी नियम को खंडित करेगी । स्पर्श के साथ जननांग भी समझना चाहिए । अतः स्त्री संबंध को सिद्धिकाल में वर्जित माने)

2. During Siddhikaal, do not speak untruth, do not harass anyone, do not steal, do not waste and keep your senses protected from enjoyment or taste. (Here we have to understand the balance of the senses. When we taste with the tongue, we decide what to eat or drink. If you want to eat something sweet, then you can imagine Gulab Jamun and buy it or you can eat sweet dates. Or you can also choose jaggery. Here Gulab Jamun is satisfying your taste but it is also causing harm to the body but dates are providing nutrition to the body. Here the selection of Gulab Jamun is breaking the rule of Siddhikal. But not the selection of dates in a balanced quantity, sense organs – eyes, ears, nose, tongue and skin). Here the function of touch is related to the skin, hence the desire for momentary pleasure from touch will also violate the rule. Genital organs should also be understood along with touch. Therefore, female relations should be considered prohibited during Siddhikaal.)

1. प्रातः ध्यान के बाद 15 मिनट तक "ॐ प्रकृति देव्यै नमः।।" अथवा गायत्री मंत्र का जप करें ।

3. After morning meditation, chant "Om Prakriti Devyai Namah" or Gayatri Mantra for 15 minutes.

4. प्रातः कुछ समय पेड़-पौधों की सेवा करें ।

4. Serve trees and plants for some time in the morning.

5. नाश्ते या भोजन में दिन और रात्रि में जौ की रोटी , मसाले के बिना सब्जी अथवा सिर्फ अपक्वाहार खाएं ।

5. Eat barley bread, vegetables without spices or only un-coocked food during the day and night for breakfast or lunch.

6. बाजार के डिब्बाबंद खाद्य पदार्थ, चाय -कॉफी आइसक्रीम, कोल्डड्रिंक , नशे की कोई वस्तु सिद्धिकाल में पूर्णतः वर्जित है ।

6. Market food items, tea-coffee, cold drinks, any intoxicant are completely ineffective during Siddhikaal.

7. सिद्धिकाल के समय न किसी से कोई उपदेश सुने और न किसी को कोई उपदेश दें । आप सिर्फ अपने भीतर उन विचारों को देखें जो उपदेश की तरह प्रवाहित होना चाह रहे हैं । इन विचारों के आधार पर स्वयं को प्रयोग के साथ जोड़ें और पालन करें ।
8. 7. During Siddhikaal, neither listen to any advice from anyone nor give any advice to anyone. You just see the thoughts within you that want to flow like a sermon. Based on these thoughts, connect yourself with the experiment and follow through.
9. सिद्धिकाल के समय किसी अन्य से सिद्धिकाल या दिव्यदंड की कोई चर्चा न करें । यह अभी आपकी गुप्त साधना है । सिर्फ कुछ आवश्यक बातें आपके परिवार को ज्ञात रहे क्योंकि परिवार आपकी साधना में आपका सहयोग कर रहा है ।
10. 9. At the time of Siddhikaal, do not discuss Siddhikaal or divine punishment with anyone else. This is your secret sadhana now. Only some essential baaten should be known to your family because the family is supporting you in your sadhana.
11. प्रातः नंगे पैर खड़े होकर लाल सूर्योदय का त्राटक (त्राटक का अर्थ है कि खुली आँख से लगातार देखना) दोनों हाथ जोड़कर करें ।

11. In the morning, standing barefoot, do Tratak of the red sunrise (Trakat means continuously looking with open eyes) with both hands folded.

12. दिन का भोजन बारह बजे से पूर्व और रात्रि का भोजन सूर्यास्त से पहले कर लें ।

12. Have lunch before twelve o'clock and dinner before sunset.

13. रात्रि में शयन से एक घंटे पूर्व पुनः 15 मिनट तक "ॐ प्रकृति देव्यै नमः।।" अथवा गायत्री मंत्र का जप करें ।

13. One hour before sleeping at night, chant "Om Prakriti Devyai Namah" or Gayatri Mantra for 15 minutes.

14. रात्रि में देर रात्रि तक टीवी देखना या मोबाइल में मनोरंजन की विषय वस्तु को देखने का तात्पर्य है कि नियम भंग हो रहा अतः ऐसा कुछ न करके जल्द सो जाएं जिससे ब्राहमुहूर्त जागरण के समय शरीर में नींद का बोझ न हो ।

14. Watching TV till late at night or watching entertainment content on mobile means that the rule is being broken, hence do not do anything like this and go to sleep early so that there is no burden of sleep in the body at the time of Brahmamuhurta Jagran.

15. यदि आपने एक माह सिद्धिकाल को नियम के साथ पूर्ण किया तो अपने गुरु से संपर्क करें और उन्हें अवगत कराएं । यदि कोई त्रुटि हुई तो भी अवगत कराएं और गुरु के अगले आदेश की प्रतीक्षा करें । यदि आपने एक दिन नियम भंग कर दिया और एक माह पूर्ण होने के बाद इस बात को गुरु को अवगत कराया तो गुरु आपके एक दिन को क्षमा भी कर सकते हैं ।

15. If you have completed one month of Siddhikaal with the rules then contact your Guru and inform him. Even if there is any error, please inform it and wait for the Guru's next order. If you break the rules for one day and inform the Guru about it after completion of one month, then the Guru can forgive you for one day.

16. यदि आपका चयनित दिव्यदंड आपके पास नहीं है तो आप सिद्धिकाल पूर्ण होने से पंद्रह दिन पूर्व गुरु को सूचित करें जिससे दिव्यदंड निर्माण की तैयारी भी हो सके । ऐसा होने पर सिद्धिकाल के बाद की पूर्णिमा को दिव्यदंड धारण करना आसान होगा । दिव्यदंड धारण करने के समय गुरु की वाणी का अनुसरण करें ।

16. If you do not have your selected Divya Dand, then you should inform the Guru fifteen days before the completion of Siddhikaal so that preparations can be made for making Divya Dand. If this happens, it will be easy to wear the Divya Danda on the full moon day after Siddhikaal. Follow the words of the Guru while wearing the Divyadanda.

1. <u>दिव्यदंड निर्माण विधि</u> : मूलतः दिव्यदंड दिव्य वृक्षों की लकड़ियों से तैयार होता है यह आपको नीचे सरिणी में दिया जा रहा है । दिव्यदंड की लंबाई 24 इंच की एवं व्यास आधे इंच से लेकर एक इंच तक हो सकता है । आप इसके सिरे पर हंस का सिर , गोल, नग की कटिंग, आदि डिजायन बनाएं एवं पिछले सिरे को समतल रखते हुए डिजायन बनवाएं । दिव्यदंड के चिन्ह भी सरिणी में दिए गए हैं यह चिन्ह ऊपर से लेकर बीच में कहीं भी खुदाई द्वारा बनवाएं । चिन्ह से दिव्यदंड के नाम की पहचान होती है ।
2. यदि कोई किसी ऐसे सतह पर है जहां दिव्यदंड निर्माण के लिए लकड़ियाँ मिलना संभव नहीं है तो भी दिव्यदंड बनाया जा सकता है । लगभग दो फुट लंबी और आधा इंच मोटी की स्टील की पाइप लें । गंगाजल अथवा किसी भी पवित्र नदी के जल में सीमेंट का मसाला पेस्ट की तरह बनाएं । इस पेस्ट को सावधानी से पाइप में भर दें । आप पाइप के बिल्कुल बीच में लोहे का एक तार आरपार डालकर भी मसाला भर सकते हैं । तार डालने से दिव्यदंड की मजबूती बढ़ जाती है और तार बीच में होने से इससे ऊर्जा का प्रवाह सरल हो जाता है । इस प्रकार पाइप में मसाला भरकर इसके दोनों सिरे के सीमेंट मसालों को समतल करके कोई खोल (कैप पहना सकते हैं । पाइप को धूप में पूरा सुखा दें । सूखने के बाद दिव्यदंड पर लकड़ियों के सदृश मिलता हुआ पेंट कर दें । पेंट सूखने के बाद उसमें मंत्रों को लिखकर अपने दिव्यदंड का चिन्ह बना दें ।
3. यदि दिव्यदंड बड़ा रखना आसान नहीं तो पतली दिव्यदंड के अनुसार पतली लकड़ियों को काटकर पेन के आकर का भी दिव्यदंड बनाया जा सकता है किन्तु इसे साथ रखना और शुद्धता का ध्यान देना आवश्यक होगा अन्यथा यह खंडित होने के बाद आपको नए दिव्यदंड के लिए सिर्फ एक ही अवसर मिलेगा ।

1. Method of making Divyadanda: Basically Divyadanda is prepared from the wood of divine trees, this is being given to you in the table below. The length of the Divyadanda can be 24 inches and its diameter can range from half an inch to one inch. Make designs like swan's head, round, gem cutting, etc. on its end and make the design by keeping the back end flat. The symbols of the divine rod are also given in the table. These symbols can be made by digging anywhere from the top to the middle. The name of the Divyadanda is identified by the symbol.

2. If one is on a surface where it is not possible to get wood for making a Divyadanda, then Divyadanda can still be made. Take a steel pipe about two feet long and half an inch thick. Make a paste of cement masala in Ganga water or any holy river water. Carefully fill this paste into the pipe. You can also fill the masala by inserting an iron wire right in the middle of the pipe. By inserting a wire, the strength of the Divyadanda increases and since the wire is in the middle, the flow of energy becomes easier. In this way, after filling the pipe with spices, you can level the cement spices at both its ends and put a shell (cap). Dry the pipe completely in the sun. After drying, paint the Divya Dand to resemble wood. After the paint dries, add Make a symbol of your divine rod by writing the mantras.

3. If it is not easy to keep the Divyadanda big, then a pen-sized Divyadanda can be made by cutting thin wood according to the thin Divyadanda, but it will be necessary to keep it together and pay attention to its purity, otherwise it will break. After being dismembered, you will get only one chance for a new Divyadand .

<u>दिव्यदंड धारण करने के बाद सामान्य नियम</u> : कुछ सामान्य नियम हैं जो सभी प्रकार के दिव्यदंड धारण करने वाले के ऊपर लागू होते हैं । जैसे – ब्रह्ममुहूर्त जागरण, प्रकृति में ध्यान , दिव्यदंड को सदैव साथ में रखना (शौच , कामसंयोग को छोड़कर), दिव्यदंड से किसी को पीढ़ित करने का प्रयास न करना, दिव्यदंड को रखने के लिए शुद्ध स्थान या स्टैन्ड का चयन करें इसे धूलयुक्त या अशुद्ध जगह पर न रखें ।

दिव्यदंड को भी प्राण से युक्त एक शरीर एवं अपना जीवन साथी मानें इसलिए इसे सप्ताह में एक बार स्नान कराएं और सूख जाने पर इसमें तिल, चमेली अथवा सरसों के तेल की मालिश करें फिर इसे धूप में रखें । इससे दिव्यदंड का संपर्क पंचमहाभूतों से होता है जिससे इसकी दिव्यऊर्जा ज्यादा जाग्रत होती है ।

पूर्णिमा में दिव्यदंड को शुद्ध स्थान चुनकर रात भर चंद्रमा के प्रकाश के नीचे रखें । दिव्यदंड निर्माण के लिए आवश्यक लकड़ी एवं लिखे जाने वाले मंत्र के लिए नीचे की सारिणी देखें।

General rules after wearing Divyadanda: There are some general rules which apply to the wearer of all types of Divya Danda. Like – Brahmamuhurta Jagran, meditation in nature, always keeping the Divyadand with you (except for defecation, intercourse), not trying to hurt anyone with the Divyadand, choose a pure place or stand to keep the Divyadand, it should not be dusty or impure. Do not keep in place.

Consider the Divyadanda as a body full of life and your life partner, hence bathe it once a week and after it dries, massage it with sesame, jasmine or mustard oil and then keep it in the sun. Due to this, the Divyadand comes in contact with the five great elements due to which its divine energy becomes more awakened.

During the full moon, choose a pure place and keep the Divyadanda under the moonlight throughout the night. See the table below for the wood required to make Divyadanda and the mantra to be written.

दिव्यदंड का नाम (Name of Divyadand)	योग्य लकड़ी Necessary wood	सिरे का मंत्र The mantra of the wooden head.	निचले सिरे का मंत्र The mantra of the wooden tail.	बीच में लिखे जाना वाला मंत्र mantra of middle part
ब्रह्मदंड Brahmdand	पीपल .आम या मौलश्री (Peepal, Mango or Maulshree)	ॐ प्रकृति देव्यै ब्रह्मदंडाय नमः (Om Pakriti Devyai Brahmdanday Namah)	ॐ धरिणी नमः॥ॐ तरंगिणी नमः॥ॐ अग्नै नमः॥ॐ मारुते नमः॥ॐ धौ नमः॥ (Om dharini Namah.Om Tarangini Namah.Om Agnai Namah.Om Marute Namah.Om Dhau Namah)	ॐ भूः ॐ भुवः ॐ स्वः ॐ महः ॐ जनः ॐ तपः ॐ सत्यम् ॐ तत्-सवितुर्-वरेण्यं भर्गो देवस्य धीमहि धियो यो नः प्रकोदयात् ॥ Om Bhooh Om Bhuvah Om Svahah Om Mahah Om Janah Om Tapah Om Satyam Om Tatsviturvrenyam Bhargo Devsya Dheemahi Dhiyo Yo Nah Prachodayat.
राजदंड Rajdand	स्वर्ण, चांदी,सागौन या मौलश्री (gold, silver, teak or maulshree)	ॐ प्रकृति देव्यै राजदंडाय नमः(Om Prakriti Devyai Rajdanday Namah)	उपरोक्त मंत्र the above mantra	उपरोक्त मंत्र the above mantra
कर्मदण्ड Karmdand	तांबा, स्टील,सागौन, आम या मौलश्री (Copper, Steel,Teak, Mango or Maulshree)	ॐ प्रकृति देव्यै कर्मदंडाय नमः(Om Pakriti Devyai Karmdanday Namah)	उपरोक्त मंत्र the above mantra	उपरोक्त मंत्र the above mantra
योगीदण्ड Yogidand	नीम, ढाक या मौलश्री (Neem, Dhak or Maulshree)	ॐ प्रकृति देव्यै योगदंडाय नमः(Om Pakriti Devyai Yogdanday Namah)	उपरोक्त मंत्र the above mantra	उपरोक्त मंत्र the above mantra
प्रकृतिदंड Prakritidand	अमलताश, नीम या मौलश्री (Amaltash, Neem or Maulshree)	ॐ प्रकृति देव्यै अदितिदंडाय नमः(Om Pakriti Devyai Aditidanday Namah)	उपरोक्त मंत्र the above mantra	उपरोक्त मंत्र the above mantra
त्रिकाल दंड Trikaldand	पीपल, गूलर, शमी या मौलश्री (Peepal, Gular, Shami or Maulshree)	ॐ प्रकृति देव्यै त्रिकालदंडाय नमः(Om Pakriti Devyai Trikaldanday Namah)	उपरोक्त मंत्र the above mantra	उपरोक्त मंत्र the above mantra
सूर्यचन्द्र दंड Suryadand	पीपल या मौलश्री(Peepal or Maulshree)	ॐ प्रकृति देव्यै इड़ापिंगला दंडाय नमः(Om Pakriti Devyai Ida-pingla Danday Namah)	उपरोक्त मंत्र the above mantra	उपरोक्त मंत्र the above mantra
परमार्थदंड Parmarthdand	आम या मौलश्री की लकड़ी (Mango or Maulshree wood)	ॐ प्रकृति देव्यै परमार्थ दंडाय नमः(Om Pakriti Devyai Parmarth Danday Namah)	उपरोक्त मंत्र the above mantra	उपरोक्त मंत्र the above mantra
आनंददंड Ananddand	अमलताश या मौलश्री की लकड़ी (Amaltash or Maulshree's wood)	ॐ प्रकृति देव्यै आनंद दंडाय नमः(Om Pakriti Devyai Anand Danday Namah)	उपरोक्त मंत्र the above mantra	उपरोक्त मंत्र the above mantra

दिव्यदंड निर्माण के लिए आवश्यक लकड़ी एवं लिखे जाने वाले मंत्र(Wood required for making Divyadanda and mantras to be written.)

दिव्यदंड की पहचान के लिए सबसे मुख्य उसकी बनावट , उसके मंत्र के रंग और उसपर छापा गया चिन्ह है । दिव्यदंड में मन्त्रों को सुंदरता से लिखवाएं एवं उसके प्रतीक चिन्ह दिव्यदंड के सिरे पर अवश्य बनवाएं। दिव्यदंड की विशेष बनावट , मंत्रो के रंग एवं दिव्यदंड की पहचान के चिन्ह नीचे की सारिणी में प्रदर्शित है -

The most important thing to identify the Divyadanda is its design, the color of its mantra and the symbol printed on it. Get the mantras beautifully written on the Divyadanda and make sure to make its symbol on the end of the Divyadanda. The special structure of the Divyadanda, the color of the mantras and the identification marks of the

Divyadanda are shown in the table below -

दिव्यदंड का नाम (Name of Divyadand)	मुख्य बनावट Main Structure	मंत्रों का रंग Color Of Mantras	दिव्यदंड का चिन्ह symbol of Divyadand
ब्रह्मदंड Brahmdand	सिरा मोटा एवं पिछला भाग पतला होगा The end will be thick and the back part will be thin.	सफेद White	
राजदंड Rajdand	सिरा नुकीला होगा the tip will be pointed	नीला या स्वर्ण Blue or Goden	
कर्मदण्ड Karmdand	दोनों तरफ सिरे गोल समान होगें The ends will be round on both sides.	काला Black	
योगीदण्ड Yogidand	दोनों तरफ सिरे गोल या समतल समान होगें The ends will be round or flat on both sides.	नारंगी Orange	अथवा
प्रकृतिदंड Prakritidand	सिरा बड़ा गोल एवं आधार समतल , मोटाई समान The tip is big round and the base is flat, thickness is equal	हरा या धानी Green or marsupial color	
त्रिकाल दंड Trikaldand	सिरा गोल-नुकीला एवं आधार समतल , मोटाई समान The tip is round-pointed and the base is flat, the thickness is equal.	लाल Red	
सूर्यचन्द्र दंड Suryadand	सिरा गोल एवं आधार समतल , मोटाई समान The tip is round and the base is flat, the thickness is equal.	पीला Yellow	
परमार्थदंड Parmarthdand	दोनों सिरा समान रूप से समतल बनाएं make both ends evenly flat	आसमानी Sky Blue	
आनंददंड Ananddand	दोनों सिरे गोल मोटे कटोरीनुमा बनाएं Make both ends round and thick bowl-like	बैंगनी purple	

नौ दिव्यदंड की संक्षिप्त जानकारी

Brief information about nine Divyadand

1. ब्रह्मदंड

ब्रह्मदंड को प्राप्त करने वाला मनुष्य सम्पूर्ण ब्रह्मांड की दिव्य ऊर्जा को प्राप्त करता है । ब्रह्मदंड धारण करने वाले को भीतर के ध्यान द्वारा निराकार ब्रह्मा को समझना चाहिए । जीवन के कर्मों के साथ सत्य , अहिंसा, असत्येय , अपरिग्रह और ब्रह्मचर्य का पालन करने से ब्रह्मदंड की दिव्य शक्ति समृद्ध होती जाती है । पूर्वकाल में ऋषियों ने अपने गृहस्थ और सन्यस्त का पालन करने वाले शिष्यों को ब्रह्मदंड प्रदान करते थे । ब्रह्मदंड के साथ सफेद रंग का महत्व है । कपड़े या घर के रंग यदि सफेद होगें तो दिव्यऊर्जा का प्रवाह और अधिक होगा ।

ब्रह्मदंड को धारण करने के नियम : यह ब्रह्मदंड आपके साथ होना चाहिए , इसे हर समय साथ न रखने से यह निष्क्रिय नहीं होता किन्तु इसकी दिव्य ऊर्जा का प्रवाह प्रभावित होता है । ब्रह्मदंड साथ रखने का तात्पर्य इसकी दिव्य ऊर्जा आपके एकीकर होती है । आप जितना ब्रह्मदंड के साथ रहेंगे उतना अधिक इसकी दिव्य ऊर्जा के प्रयोग को समझ पाएंगे ।

ब्रह्मदंड कोई शस्त्र नहीं है कि इसका प्रयोग किसी झगड़े में किया जाए बल्कि यह शांति का प्रतीक है । ब्रह्मदंड यदि हाथ में है और कोई आपसे विवाद कर रहा है तो आपको सिर्फ शांति से समाधान का प्रयास करना है । ब्रह्मदंड यदि साथ में है तो स्वयं कोई विवाद उत्पन्न नहीं

करना है ।

1. Brahmadanda

The person who receives Brahmadanda receives the divine energy of the entire universe. The one wearing Brahmadanda should understand the formless Brahma through inner meditation. By following truth, non-violence, non-truth, non-monogamy and celibacy along with the deeds of life, the divine power of Brahmadanda gets enriched. In ancient times, the sages used to give Brahmadanda to their householder and disciples who followed Sanyasta. White color has significance with Brahmadanda. If the color of clothes or house is white then the flow of divine energy will be more.

Rules for wearing Brahmadanda:

This Brahmadanda should be with you, not keeping it with you all the time does not make it inactive but the flow of its divine energy gets affected. Keeping Brahmadanda with you means that its divine energy gets integrated with you. The more you stay with Brahmadanda, the more you will be able to understand the use of its divine energy.

Brahmadanda is not a weapon that can be used in a fight, rather it is a symbol of peace. If Brahmadanda is in your hand and someone is arguing with you, then you just have to try to resolve it peacefully. If Brahmadanda is with you then it does not have to create any controversy.

2. राजदंड

राजदंड को प्राप्त करने वाला राजयोगी माना जाता है । हमने धारणा बना ली है कि राजयोग उसी के जीवन में है जिसकी कुंडली में राजयोग है किन्तु आध्यात्म विज्ञान का मानना है कि राजयोग को सिद्ध करके प्राप्त किया जा सकता है । एक राजा को राजा बनने के लिए लिए दो चीज होनी चाहिए । एक क्षेत्र , दूसरा क्षेत्र पर नियंत्रण । जन्म से ही शरीर उपई क्षेत्र सभी के पास है । आपको इस समस्त शरीर रूपी क्षेत्र को राज्य मानकर नियंत्रण स्थापित करना है । जब तक मन ने शरीर पर अधिकार किया है तब तक आप इस राज्य के राजा नहीं हो सकते । जिस प्रकार राज्य में मंत्री का कार्य है उसी प्रकार शरीर रूपी राज्य में मन है । यदि मंत्री को राज्य का नियंत्रण देकर राजा भोग-विलास करे तो मंत्री भी भोग –विलास ही करेगा । आपको इस मन को सिर्फ सेवक की भांति समझना है और आत्मा को राजा के समान । आत्मा से उत्पन्न विचार भाव विचार कहलाता है और मन से उत्पन्न विचार इंद्रिय सुख भोग विचार कहलाता है । जब मनुष्य राजदंड के साथ शरीर रूपी राज्य को चलकर सिद्ध कर लेता है तब उसे देवी सुषमा द्वारा कुटुंब रूपी राज्य चलाने का अवसर प्राप्त होता है और कुटुंब रूपी राज्य को जो सहजता से सिद्ध कर लेता है उसे समाज रूपी राज्य प्राप्त हो जाता । यह राज्य का विस्तार अर्थात राज्य की समृद्धि है । समाज रूपी राज्य की सिद्धि हो जाने के बाद समाज आपके नियंत्रण में चलता है । आप जो उपदेश या आदेश देते हैं समाज उसे स्वीकार करता है ।

<u>राजदंड को धारण करने के नियम</u> : ब्रह्ममुहूर्त में आपको स्वयं के शरीर का ध्यान करना है और हर एक अंग का विचार करना है और धारणा करनी है कि – मेरे पैर सन्मार्ग की तरफ चलेंगे, अन्तः चरित्र को मजबूत रखूँगा और वीर्य की क्षति नहीं करूंगा , मै मल, मूत्र, छींक आदि किसी भी वेग को भीतर नहीं रोकूँगा , मै भोजन वही करूंगा जो शरीर रूपी राज्य को पोषण दे, मेरे हाथ वही कर्म करेंगें जिससे कल्याण हो, मै नेत्र से , कान से और जिह्वा से कोई ऐसा भोग नहीं करूंगा जिससे शरीर और विचारों की शक्ति नष्ट हो, मै कल्याणकारक विचार ही करूंगा ।

आपने ध्यान के समय जैसी धारणा की है उसी प्रकार आपको पालन भी करना है । आप उपरोक्त नियम को जितना अधिक पालेंगे राजदंड की दिव्य ऊर्जा समय के साथ वैसी ही समृद्ध होगी ।

ब्रह्मदंड के नियम के अनुसार राजदंड में भी यह सदैव साथ होना और यह साथ है तो किसी विवाद में सिर्फ न्याय संगत बात करें । राजा के साथ न्याय महत्वपूर्ण है जैसे आपने समय से भोजन नहीं किया और भूख लगी है । यदि भोजन उपलब्ध है और भोजन के समय अन्य कार्य को महत्व दे रहें तो यह अन्याय है । भोजन के समय खाली पेट के लिए आहार ग्रहण करना ही न्याय हुआ । इस प्रकार जीवन की हर एक छोटी और बड़ी बात पर आपको न्याय का विचार करके सही न्याय का पालन करना है ।

कभी किसी की बात पर क्रोधपूर्वक प्रतिउत्तर नहीं करना है । ज्यादा क्रोध करने पर राजदंड खंडित भी जाता है परिणामस्वरूप इसकी दिव्यऊर्जा का प्रवाह रुक जाता है जिससे जातक का जीवन पुनः पहले की तरह असंतुलित हो जाता है ।

2. Rajdand

The one who receives the Rajdand is considered a Rajyogi. We have made the assumption that Rajyoga is present in the life of only those who have Rajyoga in their horoscope, but spiritual science believes that Rajyoga can be achieved by proving it. There are two things a king must do to become a king. Control over one area and another area. Everyone has the upper body area since birth. You have to establish control over this entire body-like area by considering it as a state. As long as the mind has taken over the body, you cannot be the king of this kingdom. Just as the work of a minister is in the state, similarly the mind is in the state of the body. If the king indulges in pleasures by giving control of the state to the minister, then the minister will also indulge in pleasures. You have to consider this mind only as a servant and the soul as a king. Thoughts generated from the soul are called emotional thoughts and thoughts generated from the mind are called sensual pleasures thoughts. When a man proves the kingdom in the form of body by running with the Rajdand, then he gets the opportunity to run the kingdom in the form of family by Goddess Sushma and the one who proves the kingdom in the form of family with ease gets the kingdom in the form of society. This is the expansion of the state i.e. the prosperity of the state. After the state in the form of society is accomplished, the society runs under your control. Whatever advice or order you give, the society accepts it.

Rules for wearing the Rajdand : In Brahmamuhurta, you have to meditate on your body and think about each and every part of it and think that - My feet will walk towards the right path, I will keep my inner character strong and will not waste my semen. I will not stop feces, urine, sneeze or any other urge inside, I will eat only that food which nourishes the state of the body, my hands will do only those deeds which bring welfare, I will not do any such thing with eyes, ears or tongue. So that the power of body and thoughts gets destroyed, I will think only beneficial thoughts.

You have to follow the same belief as you have during meditation. The more you follow the above rules, the richer the divine energy of the Rajdand will become with time.

According to the rule of Brahmadand, even in the Rajdand, it should always be with you and if it is with you then you should speak only in a fair manner in any dispute. Justice with the king is important like you have not eaten on time and are hungry. If food is available and you are giving importance to other work while eating then it is injustice. It was considered fair to eat food on an empty stomach at meal time. In this way, you have to think about justice in every small and big thing of life and follow the right justice.

Never respond angrily to anyone's words. Due to excessive anger, the Rajdand also breaks and the flow of its divine energy stops due to which the life of the person again becomes unbalanced as before.

3. कर्मदण्ड

कर्मदण्ड को प्राप्त करने वाले को कर्म की सिद्धि करने से कर्मदण्ड से प्रवाहित होने वाली ऊर्जा मनुष्य को तेजवान, धनी और राजयोगी बना देती है । कर्म क्या है ? यह समझना आवश्यक है । प्रत्येक जीव का कर्म नियत है । मनुष्य को विद्यार्थी जीवन के प्रारंभ से ही स्वयं के कर्मपथ को चुन लेना पड़ता है । यदि कोई विद्यार्थी जीवन में है तो उसका मुख्य कर्म है अध्ययन , विद्यार्थियों को शरीर पुष्ट रखने के लिए क्रीडा आवश्यक है । क्रीडा विद्यार्थी के लिए उपकर्म हुआ । बाकी के अन्य कर्म भोजन करना, मित्रता करना, सेवा करना सहकर्म हुए । इसी प्रकार युवावस्था में पहला मुख्य कर्म है विवाह दाम्पत्य प्रेम । विवाह के बाद एक दूसरे को प्रगाढ़ प्रेम देने की एक विशेष समय सीमा है । प्रारंभ में एक दूसरे के प्रति प्रेम दंपति के लिए सबसे महत्वपूर्ण होता है । अथाह प्रेम में बड़े से बड़े मुख्य कर्म भी शून्य हो सकते हैं । यह प्राकृतिक प्रवाह है इसे नहीं रोका जा सकता इसलिए इसे आवश्यक समझें । यह विशेष प्रेम का काल एक माह से तीन माह तक बहुत है इसके बाद यह बोध होना चाहिए कि दाम्पत्य जीवन के लिए जिम्मेदारी भी महत्वपूर्ण है इसलिए अर्थोपार्जन को मुख्य कर्म बनाना पड़ेगा । अब यहाँ दाम्पत्य प्रेम के बाद अर्थोपार्जन मुख्य कर्म बन गया और दाम्पत्य उपकर्म । बाकी के अन्य आवश्यक कर्म सहकर्म हैं । युवावस्था में ही जब संताने पैदा होती हैं तो उपकर्म संतान की सेवा भी बन जाता है । अब वृद्धावस्था में जब मनुष्य अर्थोपार्जन से मुक्त हो जाता है तब वह बाकी के जीवन को काटने के लिए कोई महत्वपूर्ण विषय चुन लेता है । ज्यादातर समझदार लोग वह कर्म चुनते हैं जिसे वे धर्म का कार्य समझते हैं । ऐसे समय वृद्ध का जीवन के अंतिम क्षण तक कोई विशेष कार्य चुनना और उसमें निरत हो जाना उसका मुख्य कर्म कहलाएगा बाकी स्वयं के स्वास्थ्य के लिए प्रयास करना उपकर्म है बाकी के अन्य सहकर्मी हैं ।

श्रीमद्भागवतगीत के अनुसार कर्म से विशिष्ट कुछ नहीं । कर्म में कुशलता प्राप्त करना ही योग है । मै उपरोक्त बातों को इसलिए व्यक्त कर रहा हूँ कि कर्मदण्ड को धारण करने वाले को ज्ञात होना चाहिए कि उसकी उम्र के अनुसार उसे किस कर्म का चयन करना है । स्वयं के कर्म , उपकर्म और सहकर्म को जानने के बाद अपने सभी कर्मों को ध्यान पूर्वक करना है ।

मुख्य कर्म हो, उपकर्म हो अथवा सहकर्म हो । कर्म तभी उत्कृष्ट है जब कर्म के साथ आपका पूरा ध्यान कर्म के साथ लगा हो । विविध विचार में कर्म करते समय व्यक्ति कर्म के साथ पूर्ण नहीं होता । एक घर में मै गया जहां परिवार के बड़े लड़के ने कहा कि मुझे अवसाद की समस्या है । एक ज्योतिषी ने बताया है कि केतु का दोष है इसलिए यह अवसाद है । मैंने कहा कि मुझे नहीं लगता । मैंने पूरे दिन उस लड़के के कार्यों पर ध्यान दिया । उसे मैंने गरम पानी लाने के लिए कहा । वह पानी गरम करके जब पात्र में डाल रहा था तो वह गरम पानी का कुछ अंश उसके पैर पर गिर पड़ा । वह थोड़ा चीखा फिर बोला कि देखा गुरुजी । हर कार्य में कोई न कोई समस्या आ जाती है । मैंने उस जल को फेंक

दिया और कहा कि यह केतु दोष से युक्त जल बन गया इसलिए मै इसे नहीं पियूँगा । तुम फिर से गरम करो और ध्यान रखना कि जैसे ही भाप दिखाई पड़े वैसे ही गैस बंद कर देना और पात्र से बाहर एक बूंद जल बाहर नहीं गिरना चाहिए । उसने यह कार्य ध्यान पूर्वक किया । मैंने पूछा कि इस बार केतु क्यों नहीं आया ? उसे बात कुछ समझ में आई कि उसने इस कार्य पर बराबर ध्यान दिया । रात्रि को वह साथ भोजन करने लगा तो वह बातें भी कर रहा था । मैंने उसे बोला कि एक काम करो । भोजन के हर एक ग्रास को बत्तीस बार चबाओ । ध्यान रहे 32 ग्रास से कम नहीं होना चाहिए । वह हर एक ग्रास के साथ गिनती करने लगा और स्वतः शांत हो गया । भोजन के बाद वह बोला कि गुरुजी मुझे अभी बहुत अच्छा लग रहा । मै रात्रि में आपके साथ सोऊँगा । वह रात्रि में सोते समय पुनः बात करने लगा तो मैंने बोला कि तुम एक से तीन सौ तक गिनती करो और प्रत्येक दशक पर मंत्र बोलना - "ॐ प्रकृति देव्यै नमः" वह ऐसा करने लगा और तीन सौ पूरे होने से पहले ही सो गया । वह प्रातः उठा जाने लगा तो मैंने उसे बुलाया और कहा कि अपना बिस्तर ध्यान से देखो । वह अपने बिस्तर को ध्यान से देखा तो चादर और तकिया अव्यवस्थित थे । मैंने बोला कि इसे वापस सुंदर तरीके से व्यवस्थित बिछा दो तो उसने उसे वैसा ही व्यवस्थित बिछा दिया । जाते समय मैंने उसे कर्म को सिद्‌ध करने का यही सिद्‌धांत बताया और कहा कि यही तुम्हारे अवसाद और केतु दोष का उपाय है । वर्षों बाद मै जब उससे मिला तो वह एक अच्छी कंपनी में डायरेक्टर बन चुका था और अपने कर्म के साथ आनंदित लग रहा था ।

हम कुछ ऐसा ही कर रहे । कर्म अलग , ध्यान अलग इसलिए कर्म भी अपूर्ण और ध्यान भी अपूर्ण है । हमें कर्म के समय खुली आँख से ध्यान करना है अर्थात कर्म को ही देखना और कर्म को ही विचार करना है ।

कर्मदण्ड को धारण करने वाले को यदि कर्मदण्ड को सिद्‌ध करके इसकी दिव्यऊर्जा का लाभ लेना है तो उपरोक्त बातों को ध्यान देना पड़ेगा ।

<u>कर्मदण्ड को धारण करने के नियम</u> : कर्मदण्ड को धारण करने वाले को अपने मुख्यकर्म और उपकर्म को ज्ञात करने उसमें निरत होना पड़ेगा । गृहस्थ की जिम्मेदारियों के साथ सहकर्म को निर्धारित नहीं किया जा सकता है इसलिए यह बदलते भी रहते हैं किन्तु सहकर्म को भी ध्यानपूर्वक ही करना है ।

कर्मदण्ड के लिए महत्वपूर्ण नियम यही है कि प्रत्येक कर्म के उचित समय पर कर्म को करें और किसी कार्य को प्रारंभ करके बीच में अपूर्ण न छोड़ें । प्रत्येक कार्य पर पूरा ध्यान लगाएं और कर्म के समय कर्मदण्ड अपने साथ रखें ।

पिछले दिव्यदंड के नियमों की तरह इस कर्मदण्ड का प्रयोग परपीढ़ा कार्य के लिए न करें ।

<u>विशेष :</u> हर व्यक्ति अपने कर्मों के साथ भी अपने स्तर को समृद्‌ध करना चाहता है । कर्मदण्ड धारण करने वाले यदि निरंतर कर्म के साथ ध्यान को साध लेते हैं तो यह कर्मदण्ड कुछ समय उपरांत सिद्‌ध होकर कर्मो के साथ उन्नति का द्‌वार खोल देता है । इसी प्रकार कर्म के साथ निरंतर सिद्‌ध हो जाने वाले का कर्मदण्ड समय समय पर अपनी दिव्यऊर्जा को समृद्‌ध करता रहता है ।

3. Karmadand

The energy flowing from the Karmadand makes the person bright, wealthy and Rajyogi when the recipient of Karmadand completes his karma. What is Karma? It is important to understand this. The karma of every living being is fixed. A man has to choose his own path of action right from the beginning of his student life. If there is a student in life then his main work is study, sports are necessary for the students to keep their body healthy. An initiative was taken for the sports student. Rest of the other actions like eating food, making friendship, serving etc. were Sahakarmas. Similarly, the first main task in youth is marriage and marital love. After marriage, there is a special time limit for giving deep love to each other. In the beginning, love for each other is most important for the couple. In immense love, even the most important actions can become void. This is a natural flow, it cannot be stopped so consider it necessary. This period of special love lasts from one month to three months, after which it should be realized that responsibility is also important for married life, hence earning money will have to be made the main task. Now here, after conjugal love, earning money became the main task and conjugal work became the main task. The remaining other essential actions are co-operation. When children are born at a young age, any good work also becomes a service to the children. Now in old age, when a person becomes free from earning money, he chooses some important subject to spend the rest of his life. Most sensible people choose to do what they consider to be religious work. At such a time, the old man's choice of a particular work and being engaged in it till the last moment of his life will be called his main action, while making efforts for his own health is a sub-action, the rest are other co-actions.

According to Srimad Bhagwat Geet, there is nothing special than karma. Yoga is the attainment of proficiency in action. I am expressing the above points so that the person carrying the Karmadanda should know which Karma he has to choose according to his age. After knowing one's own karma, upkarma and co-karma, one has to perform all one's actions carefully.

Be it main work, side work or co-work. Work is excellent only when your full attention is focused on the work. While doing work in various thoughts, a person is not complete with the work. I went to a house where the elder son of the family said that I was suffering from depression. An astrologer has said that it is Ketu's fault that is why it is depression. I said I don't think so. I observed that boy's actions throughout the day. I asked him to bring hot water. When he was heating water and pouring it into the vessel, some of the hot water fell on his feet. He screamed a little and then said, Guruji, I see. In every work some problem or the other arises. I threw that water and said that it turned out to be water with Ketu Dosh, so I will not drink it. You heat it again and take care that as soon as steam appears, turn off the gas and not a single drop of water should fall out of the vessel. He did this work carefully. I asked why Ketu did not come this time? He understood something that he paid equal attention to this work. When we started having dinner together at night, he was also talking. I told him to do one thing. Chew each morsel of food thirty-two times. Keep in mind that it should not be less than 32 grams. He started counting with each mouthful and automatically calmed down. After the meal he said, Guruji, I am feeling very good right now. I will sleep with you at night. When he started talking again at night while sleeping, I told him to count from one to three hundred and chant the mantra on each decade - "Om Prakriti Devyai Namah" He started doing this and fell asleep before completing three hundred. When he started getting up in the morning, I called him and asked him to look carefully at his bed. He looked carefully at his bed and saw that the sheet and pillow were in disarray. I told him to put it back in a beautifully arranged manner, so he laid it out in the same order. While leaving, I told him this principle of perfecting the karma and said that this is the solution to your depression and Ketu Dosha. When I met him years later, he had become a director in a good company and seemed happy with his work.

We are doing something similar. Actions are separate, meditation is separate, hence action is incomplete and meditation is also incomplete. We have to meditate with open eyes while doing the work, that is, we have to see the work and think about the work only.

If the wearer of the Karmadand wants to prove the Karmadand and take benefit of its divine energy, then he will have to pay attention to the above mentioned things.

Rules for wearing the Karmdand: The person wearing the Karmdand will have to know his main action and his side actions and concentrate on it. Co-operation with the responsibilities of a householder cannot be fixed, hence these keep changing, but co-operation also has to be done carefully.

The important rule for karmic punishment is that every work should be done at the appropriate time and do not start any work and leave it incomplete in the middle. Concentrate fully on every work and keep Brahmadanda with you at the time of work.

Like the rules of the previous divine punishment, do not use this karmic punishment for adultery.

Special : Every person wants to enrich his status with his deeds also. If the wearer of the Karma Punishment continuously practices meditation along with his actions, then after some time this Karma Punishment becomes perfect and opens the door to progress along with the deeds. In the same way, the punishment of the one who continuously gets accomplished with his actions keeps enriching his divine energy from time to time.

4. योगीदण्ड

जो मनुष्य सिर्फ योग के मार्ग पर बढ़ता है वह सबसे श्रेष्ठ देव मानव बन जाता है। यदि प्रकृति ने आपके लिए योगीदण्ड का चयन किया है तो आप स्वयं को सौभाग्यशाली मानें क्योंकि यही एक ऐसा अकेला दिव्यदंड होता है जिसकी दिव्यशक्ति अनंत हो सकती है। यदि योगीदण्ड को धारण करने वाला इसके नियमों पर चलकर इसे सिद्ध कर ले और निरंतर योग जीवन के मार्ग पर कर्म करे तो इस दिव्यदंड की शक्ति से किसी अन्य दिव्यदंड की तुलना नहीं की जा सकती है। योगीदण्ड की महत्तम शक्ति पर दंड को धारण करने वाला यदि आदेश करे तो वर्षा भी हो सकती है, तूफान थम सकता है। इस प्रकार योगीदंड धारक बहुत कुछ कर सकता है। प्राचीन काल में असुरों के भीषण उत्पात मचाने पर देवतागणों ने भी योगियों की सहायता ली है।

<u>योगीदण्ड धारण करने वाले के लिए नियम</u>: ब्रह्ममुहूर्त जागरण के बाद नित्य क्रिया से निवृत होकर प्रकृति का ध्यान करें। नित्य सूर्योदय के समय आसन , प्राणायाम, मुद्रा , त्रिबंध करें।

सप्ताह में एक बार नेति एवं कुंजल करें। वर्ष में एक बार शंखप्रक्षालन करें।

बाजार के फास्टफूड , अधिक गरिष्ठ भोजन न करें। एल्कोहल, गाँजा या किसी तीक्ष्ण नशे का सेवन न करें। प्रातः और सायं को चाय, कॉफी की जगह सोंठ, पीपल, काली मिर्च, ज्वाराँकुश , गुड आदि मिलाकर चाय बनाएं और पियें।

सिर्फ आवश्यकता पर ही बोलें, अनावश्यक संग न करें, किसी अन्य नियम से धर्म के नाम पर न बंधे बल्कि योगजीवन के नियम को ही नियम मानें।

प्रातः अथवा सायं को पंद्रह मिनट तक "ॐ प्रकृति देव्यै नमः" अथवा गायत्री मंत्र का जप करें।

पूर्णिमा के दिन चंद्रत्राटक करें। अमावस्या की रात में घोर अंधकार में तिमिर ध्यान या अंधेरे पर त्राटक करें।

सभी क्रियाओं को करके सायं को भोजन से दो घंटे पूर्व योगीदण्ड के साथ दंडयोग (दंड को हाथ में लेकर व्यायाम) का अभ्यास करें।

विशेष : उपरोक्त प्रकार से दिव्यदंड के सामान्य नियम और योगीदण्ड के विशेष नियम को नियमित पालन करने से कुछ समय में योगीदण्ड में दिव्यऊर्जा का प्रवाह विशेष हो जाता है। योगी मात्र योगीदण्ड से किसी पीढ़ित को स्पर्श करे तो उसकी पीड़ा का शमन हो जाता है।

4.Yogidanda

The person who moves only on the path of Yoga becomes the best god and human being. If nature has selected Yogidanda for you, then consider yourself fortunate because this is the only divine staff whose divine power can be infinite. If the person holding the Yogidanda proves it by following its rules and continuously works on the path of Yoga life, then no other divine wand can be compared with the power of this divine wand. If the yogi gives orders at the maximum power of the stick, then it can rain and the storm can stop. In this way the Yogidanda holder can do a lot. In ancient times, even the gods took the help of Yogis when the demons created a terrible havoc.

Rules for the person wearing Yogidanda: After Brahmamuhurta Jagran, retire from daily activities and meditate on nature. Do Asana, Pranayama, Mudra, Tribandha daily at sunrise.

Do Neti and Kunjal once a week. Perform Shankhaprakshalan once a year.

Do not eat fast food or heavy food from the market. Do not consume alcohol, marijuana or any strong intoxicant. Instead of tea and coffee in the morning and evening, make and drink tea by mixing dry ginger, peepal, black pepper, jawarankush, jaggery etc.

Speak only when necessary, do not keep unnecessary company, do not be bound by any other rules in the name of religion, but consider the rules of yoga life as the rules.

Chant "Om Prakriti Devyai Namah" or Gayatri Mantra for fifteen minutes in the morning or evening.

Do Chandratratak on the day of full moon. On Amavasya night, do Temir meditation or trataka on darkness in complete darkness.

After doing all the activities, practice Dandayoga (exercise with the stick in hand) with Yogidanda two hours before dinner in the evening.

Special: By regularly following the general rules of Divya Danda and the special rules of Yogi Danda as mentioned above, the flow of divine energy in Yogi Danda becomes special in some time. If a Yogi merely touches a suffering person with the Yogidanda, his pain is relieved.

5. प्रकृतिदंड

यदि प्रकृति ने आपके लिए प्रकृतिदंड का चयन किया है तो समझें आप देवी प्रकृति के लिए प्रिय हैं। यदि आपके भीतर परमार्थ कर्म बना है तो देवी प्रकृति स्वयं आपको देख रही हैं और विशेष संकटों में आपकी रक्षा कर रही हैं। यदि आपने इस दिव्यदंड की प्राणऊर्जा को समझ लिया तो आप इस धरती पर प्रकृति युक्त विशाल भूमि के स्वामी बनेंगे। यदि आपने जीवों की भावनाओं को समझने का अभ्यास हो गया तब स्वतः आपको प्रकृति विद्या प्राप्त होगी। जिसे प्रकृति विद्या प्राप्त होती है वह प्रकृति की दिव्य ऊर्जा का उपयोग करने में पारंगत हो जाता है।

प्रकृतिदंड धारण करने वाले के लिए नियम : प्रकृतिदंड को धारण करने वाले के लिए प्रकृति साधना अनिवार्य है। प्रकृति साधना के लिए आपको एक बगीचा बनाना आवश्यक है। यदि आपके पास बगीचा या भूमि नहीं है तब आप किसी अन्य के बगीचे की सेवा करने की मांग करें।

आपको अपने बगीचे में औषधियों के पौधे, सब्जियों के पौधे और बेल , पुष्प के पौधे, पवित्र वृक्ष आदि सबकुछ लगाना है। आपको पेड़ों के बीच डालकर और उनकी कलम लगाकर प्रकृति की संतानोत्पत्ति में सहायता करनी है।

एक बड़ा गड्ढा बनाएं और बगीचे की सुखी पत्तियों को इस गड्ढे में डालकर उसमें रोज कुछ जल डालें जिससे यह पत्तियां सड़कर खाद बन जाए। आप इस खाद का उपयोग पौधों के लिए करें। (अब यहाँ आप खाद खरीद कर डाल सकते हैं किन्तु ऐसा करने से आप प्रकृति की समृद्धि के सिद्धांत का ज्यादा अनुभव नहीं ले पाएंगें)

आप बगीचे में जल संरक्षण की एक भव्य टंकी बनाएं जिसमें जल भराव की व्यवस्था करें । इस टंकी में कमल का पौधा , मछलियाँ और कछुए पालें । (समय परिस्थिति देशकाल में यदि न उपलब्ध हो तो आवश्यक नहीं)

मुख्य नियम यह है कि पौधों के मिट्टी की नमी एक से अधिक दिन तक एकदम सूखी नहीं होनी चाहिए । अतः सिंचाई पर नियमित ध्यान दें ।

मिट्टी, पानी, धूप हवा के अनुसार प्रत्येक पौधों की वृद्धि का परीक्षण भी करते रहें ।

यदि आपके बगीचे में चिड़ियों के घोंसले बन रहे, मधुमक्खियाँ अपने छत्ते बना रही तो इसे सौभाग्य मानें ।

प्रत्येक माह निरीक्षण करें कि इस माह आपके बगीचे में सबसे भव्य वृक्ष कौन सा है । आप सबसे भव्य वृक्ष पर हरा या पीला कपड़ा बांधकर उस वृक्ष को सम्मानित करें ।

एकांत और शांति में अपने बगीचे में जाकर प्रकृति को स्पर्श करें और भावनाओं से बातें करें ।

विशेष : उपरोक्त प्रकार से दिव्यदंड के सामान्य नियम और प्रकृतिदण्ड के विशेष नियम को नियमित पालन करने से कुछ समय में प्रकृतिदण्ड में दिव्यऊर्जा का प्रवाह विशेष हो जाता है । प्रकृतिदंड के सिद्ध होने पर जिस प्रकार एक पौधा समृद्ध होकर वृक्ष बन जाता है उसी प्रकार आपके जीवन में स्वतः समृद्धि प्रारंभ हो जाती है ।

5. Prakritidand

If nature has chosen Prakritidand for you, then understand that you are dear to Goddess Nature. If charitable deeds are built within you then Goddess Nature herself is watching you and protecting you in special troubles. If you understand the life energy of this Prakritidand then you will become the master of a vast land rich in nature on this earth. If you develop the practice of understanding the emotions of living beings, then you will automatically gain knowledge of nature. One who acquires the knowledge of nature becomes adept in using the divine energy of nature.

Rules for the wearer of Prakritidand : Prakriti Sadhana is mandatory for the wearer of Prakritidand. To practice nature, you need to make a garden. If you do not have a garden or land, then ask for the service of someone else's garden.

You have to plant medicinal plants, vegetable plants and vines, flower plants, sacred trees etc. in your garden. You have to help nature in the reproduction of trees by sowing seeds and grafting them.

Make a big pit and put dry leaves from the garden in this pit and add some water to it every day so that these leaves rot and become compost. You use this fertilizer for plants. (You can buy fertilizer and add it, but by doing so you will not be able to experience much of the principle of richness of nature.)

Make a grand water conservation tank in the garden and make arrangements to fill it with water. Keep lotus plant, fishes and turtles in this tank. (Not necessary if not available in time, circumstances and country)

The main rule is that the soil moisture of the plants should not be completely dry for more than one day. Therefore, pay regular attention to irrigation.

Keep testing the growth of each plant according to soil, water, sunlight and air.

If birds are making nests in your garden and bees are making their hives, then consider it good luck.

Each month observe which is the most magnificent tree in your garden that month. You honor the most magnificent tree by tying a green or yellow cloth on it.

In solitude and peace, go to your garden, touch nature and talk with emotions.

Special: By regularly following the general rules of Divya Danda and the special rules of Prakriti Danda as mentioned above, the flow of divine energy in Prakriti Danda becomes special in some time. Just as a plant prospers and becomes a tree when Prakritidand is proved, similarly prosperity automatically starts in your life.

6. त्रिकाल दंड

यदि त्रिकालदंड आपके पास है तो समझिए कि स्वयं महाकाल आपको दिव्यऊर्जा प्रदान कर रहे हैं । देवी सुषमा भी प्रतिक्षण पृथ्वी पर जीवन की रक्षा के लिए महाकाल की साधना करती हैं । त्रिकालदंड यदि सिद्ध हो जाए तो भूतकाल, वर्तमान या भविष्य की घटनाएं ज्ञात होने लगती है । आने वाले संकट का संकेत मिल जाता है । ऐसा व्यक्ति किसी के आगामी संकट को देखकर उसे सावधान कर सकता है ।

त्रिकाल दंड धारण करने वाले के लिए नियम : दिव्यदंड के सामान्य नियम पालन के साथ समय पालन महत्वपूर्ण नियम है । आप प्रत्येक कार्य की समय सीमा निर्धारित करें और उसे समय सीमा पर ही समाप्त करें ।

किसी से मिलने के लिए अथवा कहीं पर पहुँचने का आपने जो समय निर्धारित किया उससे 10 सेकेंड भी न चूकें ।

यदि कोई आपकी प्रतीक्षा में है और वह आपसे फोन पर पूछे कि आप कहाँ हैं तो यदि रास्ते में आप नहीं हैं तो असत्य कभी न बोलें कि आप रास्ते में (ऐसा कहना समय के प्रति अपमान होगा)।

प्रातःब्रह्ममुहूर्त जागरण से लेकर रात्रि में सोने तक सभी कार्य की समय सरिणी बनाएं और इस समय सरिणी के अनुसार स्वयं को ढालें। ध्यान रखें कि आप समय सरिणी के अनुसार अपने कार्यों को निर्धारित करने के लिए स्वतंत्र है किन्तु नियम न पालन कर पाने के कारण आप बार-बार सरिणी बदल नहीं सकते। मुख्यतः आपको नियमित के प्रत्येक आवश्यक कार्य को समय सरिणी में अंकित करना आवश्यक है।

समय की साधना के लिए आपको प्रत्येक समय एक घड़ी रखना आवश्यक है।

6. Trikaldand

If you have Trikaldand, then understand that Mahakal himself is providing you divine energy. Goddess Sushma also does Mahakaal Sadhana every moment to protect life on earth. If Trikaldand is proved then the events of past, present or future become known. There is an indication of the coming crisis. Such a person can warn someone about an upcoming crisis.

Rules for the person wearing Trikaldand : Along with following the general rules of Divya Dand, punctuality is an important rule. You set a time limit for each task and finish it on time.

Do not miss even 10 seconds from the time you have fixed to meet someone or reach somewhere.

If someone is waiting for you and asks you on the phone where you are, then never tell a lie that you are on the way if you are not on the way (saying so would be an insult to time).

Make a time table of all the tasks from waking up in the morning till sleeping at night and adapt yourself according to this time table. Keep in mind that you are free to schedule your tasks according to the timetable, but due to not being able to follow the rules, you cannot change the timetable again and again. Mainly it is necessary for you to write down every necessary daily task in the timetable.

To keep track of time, you must have a handwatch with you at all times.

सूर्यचन्द्रदंड

पृथ्वी पर जीवन निर्माण के लिए देवी सुषमा को सर्वप्रथन दो प्रकार की ऊर्जा प्रदान हुई। एक सूर्य ऊर्जा और दूसरी चंद्र ऊर्जा। सूर्य ऊर्जा उष्ण है तो चंद्र ऊर्जा शीतल। आपके घर में बिजली से चलने वाले यंत्र हैं। सभी जानते हैं कि बिजली के यंत्र कभी एक तार से नहीं चलते हैं। बिजली के यंत्रों में एक अर्थ है तो दूसरा फेस। एक इलेक्ट्रॉन है तो दूसरा प्रोटॉन। जहां – जहां जीवन है वहाँ ये दोनों ऊर्जायें ही मौजूद हैं जो जीवन को स्थिर रखने में सहायता कर रही हैं। आपकी नासिका में दो छिद्र हैं। दायाँ छिद्र सूर्य ऊर्जा के प्रवाह को ग्रहण करता है और बायाँ छिद्र चंद्र ऊर्जा के प्रवाह को ग्रहण कर रहा। आप जांच करेंगें तो आपको ज्ञात होगा कि 24 घंटों में इन दोनों छिद्रों ने श्वास बदल बदल कर समान रूप से कार्य किया है।

जीवन के प्रत्येक विषय में सूर्य और चंद्र की तरह दो पक्ष मौजूद हैं। पुलिंग और स्त्रीलिंग, परिवार समृद्धि के लिए दो पक्ष हैं तो प्रकाश और छाया , दृश्य के दो पक्ष। संसार में हमें सत्य और असत्य दोनों दिखाई देते हैं। मैंने कहा - जहाँ जीवन है वहाँ सदैव दो पक्ष हैं – एक प्रतिकूल और अनुकूल। समय के साथ इनके गुण आपस में बदल भी सकते हैं। जैसे – ठंड के मौसम में गर्मी अनुकूल है तो गर्मी के मौसम में ठंड अनुकूल है।

श्रीमद्भागवतगीता में कृष्ण ने अनेकों स्थान पर इन पक्षों की बात करते हुए समानता या संतुलन का उपदेश दिया है। जीवन में यदि कोई समस्या है तो हमें उसके दोनों पक्षों के संतुलन को सही करना होगा। सभी विषयों में संतुलन करना स्वयं की क्षमता से बाहर होता है। संतुलन के लिए सही विवेक और व्यवस्था चाहिए। लोग तंत्र , मंत्र और धार्मिक कृत्यों द्वारा सही संतुलन की व्यवस्था के लिए प्रयास करते हैं किन्तु सही विवेक के बारे में नहीं विचार करते। सूर्यचन्द्रदंड की दिव्य ऊर्जा सिद्ध हो जाए तो स्वतः संतुलन की दिशा प्राप्त होने लगती है। सूर्यचन्द्रदंड जीवन के प्रत्येक विषय के संतुलन के लिए आपको भरपूर ऊर्जा देता है। मन की स्थिति परिवर्तित होने लगती है जिसके कारण परिस्थिति बदलने लगती है। जो सूर्यचन्द्रदंड को धारण कर लेता है वह संतुलन को भी प्राप्त कर लेता है। जब सूर्यचन्द्रदंड की शक्ति नियम पालन के कारण समृद्ध हो जाती है तब इसकी शक्ति बढ़ जाती है। एक शक्तिशाली सूर्यचन्द्रदंड का प्रयोग वहाँ किया जा सकता है जहां असंतुलन दिखाई पड़ रहा। सूर्यचन्द्रदंड धारण करने वाले को समाज एक न्यायाधीश के रूप में देखने लगता है और मतभेदों में सहायता प्राप्त करता है। वस्तु दोष में सूर्यचन्द्रदंड को साथ रखकर यदि वास्तुशान्ति की जाए तो क्रिया सहजता से सफल हो जाती है।

जिसके पास सूर्यचन्द्रदंड है उसके पास संतुलन की महान शक्ति है। जिसके पास संतुलन की शक्ति है वह कभी असफल नहीं हो सकता।

सूर्यचन्द्रदंड धारण करने वाले के लिए नियम : अध्याय के आरंभ में दिव्यदंड के सामान्य नियम का पालन करने के साथ निम्नलिखित सूर्यचन्द्रदंड नियमों का पालन करें।

ब्रह्ममुहूर्त मे पंद्रह मिनट लगातार नाड़ीशोधन प्राणायाम करें । आज्ञा चक्र पर सूर्य और चंद्र का एक साथ ध्यान करें । प्रातः लाल सूर्योदय को एवं पूर्णिमा के चंद्र को लगातार देखें । शत्रु मित्र के प्रति , मान अपमान के प्रति, सुख दुख के प्रति समान भाव रखें ।

सूर्यचन्द्रदंड के द्वारा हाथों का नियमित व्यायाम करें । ध्यान रखें कि बाएं और दायें हाथ से समान आवृत्ति में व्यायाम होना चाहिए ।

Suryachandradand

To create life on earth, Goddess Sushma was provided with two types of energy. One is solar energy and the other is lunar energy. Sun energy is hot and moon energy is cold. There are appliances running on electricity in your house. Everyone knows that electrical appliances never run on a single wire. In electrical appliances, one is earth and the other is phase. One is an electron and the other is a proton. Wherever there is life, both these energies are present which are helping in keeping life stable. There are two holes in your nostrils. The right hole is receiving the flow of sun energy and the left hole is receiving the flow of moon energy. If you check, you will find that in 24 hours both these holes have worked equally by alternating breathing.

Every subject in life has two sides, like the Sun and the Moon. Masculine and feminine gender are two sides for family prosperity and light and shadow are two sides of the scene. In the world we see both truth and falsehood. I said - Where there is life there are always two sides - an unfavorable and a favorable one. Their properties can also change with time. For example – heat is favorable in winter season and cold is favorable in summer season.

While talking about these aspects at many places in Srimad Bhagavad Gita, Krishna has preached equality or balance. If there is any problem in life then we have to correct the balance of both its sides. It is beyond one's capacity to balance all the subjects. Correct discretion and arrangement are required for balance. People try to maintain the right balance through tantra, mantra and religious rituals but do not think about the right discretion. If the divine energy of Surya Chandrandand is proved then automatically the direction of balance starts to be achieved. Surya Chandrandanda gives you plenty of energy to balance every aspect of life. The state of mind starts changing due to which the situation starts changing. One who holds the Surya Chandradanda also achieves balance. When the power of Suryachandradanda gets enriched due to following the rules then its power increases. A powerful Suryachandrandanda can be used where imbalances are seen. The society starts seeing the person wearing the Surya Chandradanda as a judge and gets help in disputes. If Vaastu Shanti is done by keeping Suryachandrandanda along with the object defect, then the action becomes successful easily.

The one who has Suryachandradanda has great power of balance. One who has the power of balance can never fail.

Rules for the person wearing Suryachandradanda: Along with following the general rules of Divyadanda at the beginning of the chapter, follow the following Suryachandradanda rules.

Do Nadishodhan Pranayam continuously for fifteen minutes in Brahmamuhurta. Meditate on the Sun and the Moon together on the Ajna Chakra. Look at the red sunrise in the morning and the full moon continuously. Have equal feelings towards enemies, friends, respect and insults, happiness and sorrow.

Exercise your hands regularly with Suryachandrandanda. Keep in mind that exercises should be done with equal frequency for left and right hands.

7. परमार्थदंड

यदि प्रकृति ने आपके लिए परमार्थदंड का चयन किया है तो स्वयं को सौभाग्यशाली समझें । आपके जीवन की सफलता के लिए जिस दिव्य ऊर्जा की आवश्यकता है वह परमार्थ के कार्यों द्वारा परमार्थदंड नामक दिव्यदंड को सिद्ध करेगी । यदि एक बार परमार्थदंड सिद्ध हो जाए तो इसके स्पर्श मात्र से पीढ़ित के दुख समाप्त होने लगते हैं ।

परमार्थदंड धारण करने वाले के लिए नियम :

अध्याय के प्रारंभ में दिव्यदंड के सामान्य नियमों का पालन करते हुए परमार्थ का भाव बनाएं और परमार्थ का कार्य करें । परमार्थ का अर्थ है कि अपने कर्म को ऐसे विषय में लगाया जाए जिससे किसी अन्य जीव की समस्या का समाधान हो । इसे हम सेवा के रूप में भी समझ सकते हैं । यहाँ सेवा का तात्पर्य यहाँ सिर्फ यही है कि जरुरतमन्द की सहायता करना ।

आप नित्य तीन परमार्थ के कार्य की योजना बनाएं । परमार्थ सिर्फ मनुष्यों की सहायता ही नहीं है बल्कि किसी सूखे हुए पौधे को पीढ़ित समझकर उसमें नित्य जल डालना भी परमार्थ है । किसी भूखे पशु को आहार देना भी परमार्थ है ।

सबसे महत्वपूर्ण नियम यह है कि किसी की आत्मा अथवा शरीर को किसी भी प्रकार की पीड़ा न दें । किसी को सताएं नहीं अन्यथा परमार्थदंड आंतरिक रूप से खंडित हो जाता है और दिव्य ऊर्जा का प्रवाह रुक जाता है ।

उपरोक्त नियमों का पालन करने से जल्द ही परमार्थदंड सिद्‌ध हो जाता है जिसके प्रभाव से इस दिव्यदंड को धारण करने वाला देवताओं के समान पूज्य होकर संसार में यश को प्राप्त करने लगता है ।

7. Parmarthdand

If nature has chosen a Parmarthdandfor you, then consider yourself fortunate. The divine energy required for the success of your life will be obtained by perfecting the Divyadand called Parmarthdanda through charitable deeds. Once Paramarthanda is proved, then with its mere touch the sufferings of the victim begin to end.

Rules for the person wearing Paramarthanda:

At the beginning of the chapter, following the general rules of Divya Danda, create a feeling of altruism and do altruistic work. Parmarth means that one's actions should be used in such a matter which will solve the problem of another living being. We can also understand this as service. The meaning of service here is only to help the needy.

You should plan three charitable activities daily. Charity is not only about helping humans, considering a dry plant as a diseased plant and pouring water on it regularly is also charity. Giving food to a hungry animal is also altruistic.

The most important rule is not to cause any kind of pain to anyone's soul or body. Do not torment anyone, otherwise the sacred thread gets fragmented internally and the flow of divine energy stops.

By following the above rules, the Parmarthdand is soon proved, due to which the person wearing this divine dand becomes worshiped like the gods and starts achieving fame in the world.

आनंद दंड

कहावत है कि जिसके पास जो होता है वह वही दान दे सकता है । जिसके पास आनंद है वही दूसरे के दुख को नष्ट कर सकता है । मनुष्य अपने जीवन में स्वयं को सुख से रहित इसलिए देखता है क्योंकि जब क्षणिक सुख समाप्त हो जाता है तो उसे यह सुख छोटा लगता है । वह सुख को निरंतर बनाने के लिए क्षणिक सुख का प्रयोग बार-बार करता है किन्तु क्षणिक सुख कभी निरंतर नहीं होता । यदि यही सुख निरंतर हो जाए तो जीवन में कभी सुख अभाव नहीं रह जाए । आनंददंड धारण करने वाले जब इस दिव्यदंड को सिद्‌ध कर लेते हैं तब जीवन का क्षणिक सुख आनंद में परिवर्तित होकर निरंतर हो जाता है ।

आनंद दंड धारण करने वाले के लिए नियम :

यहाँ आनंददंड धारण करने के बाद दो नियम महत्वपूर्ण है । पहला नियम कि नित्य परोपकार का कार्य करना । दूसरा नियम अपने चेहरे और होंठ को मुस्कुराहट की मुद्रा में बनाए रखना ।

परोपकार के अंतर्गत कुछ भी ऐसा आ सकता है जहां आप किसी की पीढ़ा को कम करने का प्रयास करते हैं । ध्यान यह भी रहे कि यदि किसी के हृदय को आपने पीढ़ा पँहुचाई तो आनंददंड खंडित भी हो सकता है ।

अनेक परिस्थितियों में चेहरे के भाव परिवर्तित होते रहते हैं । यह भाव ज्यादातर स्ट्रेस में रहने वाले वाले लोगों में दिखाई पड़ने लगता है । हमेशा मुस्कुराने की मुद्रा से चेहरे की कान्ति बढ़ जाती है जिससे सामने व हर जीव पर सकरात्मकता का भाव उत्पन्न हो जाता है ।

Ananddand

There is a saying that whoever has a thing can donate only that thing. Only the one who has happiness can destroy the sorrow of others. Man sees himself devoid of happiness in his life because when momentary happiness ends, then this happiness seems small to him. He uses momentary happiness again and again to make happiness continuous, but momentary happiness is never continuous. If this happiness becomes continuous then there will never be any lack of happiness in life. When the bearer of Ananddand proves this divine rod, then the momentary happiness of life gets transformed into bliss and becomes permanent.

Rules for the person wearing Ananddand :

Here two rules are important after wearing Ananddand . The first rule is to do charity work daily. The second rule is to keep your face and lips in a smiling posture.

Philanthropy can include anything where you try to reduce someone's suffering. Also keep in mind that if you cause pain to someone's heart, the Anandanda Enegy can also be broken.

दिव्यदंड Divine Stick

Divyadand = Divine Stick

4

प्रकृति संज्ञान की अन्य प्रचलित विधि (Other popular methods of Nature Prediction)

<u>अजना बोर्ड विधि</u>

सामान्य प्रश्नों के लिए अजना कार्ड के स्थान पर अजना बोर्ड का उपयोग करें :

पूर्व तैयारी : एक बोर्ड या कपड़े पर डिजायान किया हुआ यंत्र, छः फलक वाली डाइस , तीन पुष्प , एक मोबबत्ती

अध्याय एक में दी गई विधि असमान्य समस्याओं के प्रश्न हेतु है । कुछ लोगों का स्वभाव होता है कि वे छोटी समस्याओं के लिए भी ज्योतिषी की सहायता लेना चाहते है । यदि कोई वस्तु खो गई है तो आपको सौ काड्र्स के प्रयोग की आवश्यकता नहीं है । ऐसे प्रश्नों के लिए आप नीचे दिए गए चित्र का उपयोग करें । ऐसे चित्रों को आप एक बोर्ड में डिजायन करवा कर पहले से रखें ।

सर्वप्रथम आप बोर्ड सामने रखकर बोर्ड के बीच में एक मोमबत्ती जला लें , मोमबत्ती के समक्ष एक पुष्प रखें । फिर देवी प्रकृति का ध्यान करके निम्न संकल्प करें – "हे देवी प्रकृति , मै आपपर शत प्रतिशत विश्वास करता हूँ । कृपया मेरी प्रयोग विधि के द्‌वारा सही समाधान प्रदान करें" । इस प्रकार कहकर आप पहली बार डाइस को घुमाकर फेंके । डाइस पर जो अंक आया है उसे देखें । पीले रंग के घेरे में वृतों के क्रम को देखें और डाइस के अंकों के अनुसार वृत के क्रम में एक पुष्प रखें । अब दूसरी बार डाइस फेंके और डाइस के क्रम के अनुसार सफेद वृत के क्रम में दूसरा पुष्प रखें ।

इस विधि से आपको यह उत्तर मिल जाएगा कि गायब हुई वस्तु किस दिशा में गई है और उसे किस प्रकार का व्यक्ति ले गया है । आपने जिस वृत पर पुष्प रखा है उसे पढ़ सकते हैं ।

उदाहरण कि किसी ने प्रश्न किया और आपने पहली बार डाइस फेंका तो 4 आया । अब भीतर के 4 नंबर के वृत में आपने एक पुष्प रखा जिसमें Enemy अर्थात शत्रु लिखा है । दूसरी बार डाइस घुमाने पर छः आया । बाहरी वृत परछः नंबर के वृत पर भूमिगत लिखा है । जिसका तात्पर्य है कि वस्तु भूमि में छिपा दी गई है । तीसरी बार डाइस घुमाकर जो अकंक प्राप्त हुआ उसे नामांक के टेबल में देखकर आप उस व्यक्ति के नाम के पहले अक्षरों को निकाल लें जिसके पास खोई वस्तु है । अब आप नाम के पहले कुल अक्षरों से एकल अक्षर चुनने के लिए इन अक्षरों को अलग-अलग कागज पर लिख कर मोड़ लें और सबकी पुड़िया बना लें । इस पुड़िया को किसी कांच के जार या डिब्बे में रखकर हिलाएं और देवी प्रकृति का ध्यान करते हुए एक पुड़िया निकाल लें । आप हाथ में आई हुई कागज की पुड़िया को खोलें और चोरी करने वाले के नाम का पहला अक्षर ज्ञात कर लें ।

Ajna Board Method

Use Ajna Board Instead Of Ajna Cards For Common Questions:

Pre-Preparation: A device designed on a board or cloth, a six-sided dice, three flowers, a candle.

The method given in Chapter One is for solving unusual problems. It is the nature of some people that they want to take the help of an astrologer even for small problems. You don't need to use a hundred cards if something is lost. For such questions, use the picture given below. Get such pictures designed on a board and keep them in advance.

First of all, place the board in front and light a candle in the middle of the board. Place a flower in front of the candle. Then meditate on Goddess Nature and make the following resolution – "O Goddess Nature, I trust you 100 percent. Please provide the correct solution using my method". Saying this, you roll the dice for the first time. Look at the number on the dice. Look at the sequence of circles in the yellow circle and place a flower in the sequence of circles according to the numbers on the dice. Now throw the dice for the second time and place the second flower in the white circle as per the order of the dice.

With this method you will get the answer as to in which direction the missing object has gone and what kind of person has taken it. You can read the circle on which the flower has been placed.

For example, someone asked a question and you threw the dice for the first time and got 4. Now in the inner circle of number 4, you placed a flower on which Enemy is written. The second time the dice were rolled, it came up as six. On the outer circle, underground is written on the circle number six. Which means that the object has been hidden in the ground. By looking at the number obtained by rolling the dice for the third time in the name number table, find out the first letters of the name of the person who has the lost item. Now, to select a single letter from the total first letters of the name, write these letters on separate papers, fold them and make bundles of them all. Keep this pudiya in a glass jar or box, shake it and take out one pudiya while meditating on Goddess Nature. , You open the bundle of papers in your hand and find out the first letter of the name of the person who stole.

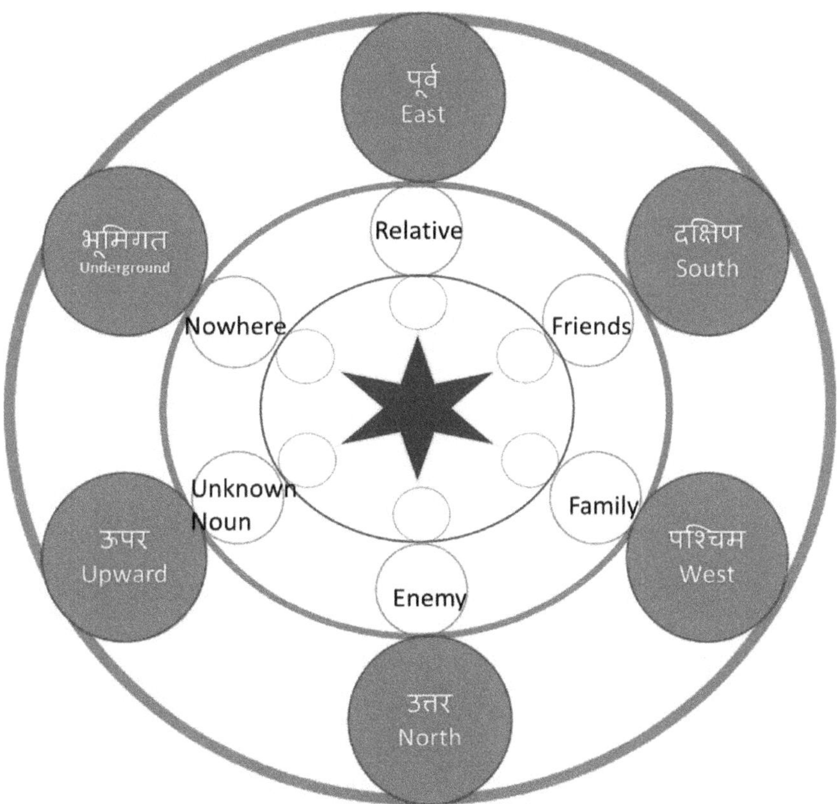

अजना बोर्ड की डिजायन (Design of Anjana Board.)

प्रश्न चक्र विधि

प्रश्नों का उत्तर जानकार समस्या को सुलझाने के लिए भारत में गणित के माध्यम से प्रश्न चक्र की विधि आज तक प्रचलित है । प्रश्न चक्र के सिद्धांत के अनुसार प्रश्न किए जाने वाले समय में ग्रहों की दशा उसके प्रश्नों का उत्तर देती हैं । जब कोई प्रश्नकर्ता ज्योतिषी के समक्ष आता है तब ज्योतिषी उस समय की जन्म कुंडली का निर्माण करता है । यदि प्रश्नकर्ता की संख्या ज्यादा है तो अगले प्रश्नों को देखने के नियम का पालन करके वह सबके लिए अअलग - अलग उत्तर दे सकता है ।

राम शलाका विधि

प्राचीन ग्रंथ रामचरित मानस में इस विधि का वर्णन है । इस में एक सरिणी दी गई है जिसमें आँख बंद करके तिनके से स्पर्श करना है । सरिणी के जिस बॉक्स पर तिनका स्पर्श करें उस बॉक्स के अनुसार उत्तर लिखे होते हैं ।

स्वर ज्ञान

बाईं नासिका और दाईं नासिका से चलने वाली श्वास को स्वर कहते हैं । यदि कोई प्रश्न कर रहा है तो स्वर ज्ञान का ज्ञाता अपनी नासिका द्वारा श्वास को जानकार प्रश्न का उत्तर दे सकता है । इसके लिए स्वर ज्ञान शास्त्र का अध्ययन आवश्यक है ।

प्रकृति संज्ञान की विद्या की दृष्टि से मै स्वर ज्ञान की विधि को अध्याय दो में वर्णित विद्या के स्तर के समान मानता हूँ क्योंकि स्वर ज्ञान की विधि में किसी भौतिक साधन का उपयोग नहीं होता है । बाकी अन्य प्रश्न चक्र, राम शलाका जैसी विधियाँ अध्याय एक के स्तर के समान है । प्रकृति संज्ञान की मूल विधि वही है जहां किसी भौतिक संसाधन का उपयोग न हो ।

Question Kundali method: To solve problems by knowing the answers to questions, the method of question cycle through mathematics is prevalent till date in India. According to the principle of Prashna Chakra, the position of the planets at the time the question is asked answers the question. When a questioner comes before the astrologer, the astrologer prepares the horoscope of that time. If the number of questioners is more then he can give different answers to everyone by following the rule of looking at the next questions.

Ram Shalaka Method: This method is described in the ancient book Ramcharit Manas. In this, an array has been given in which one has to touch the straw with closed eyes. Answers are written according to the box of the array on which the straw touches.

Swara gnan (Knowledge through inhalation and exhalation) : The breath coming from the left nostril and the right nostril is called Swara. If someone is asking a question then the person having knowledge of swara can answer the question by knowing the breathing through his nostrils. For this, study of phonetics is necessary.

From the point of view of the knowledge of nature, I consider the method of knowing the swara to be at the same level as the knowledge described in Chapter 2 because no physical means are used in the method of knowing the Swara Rest of the other methods like Prashna Chakra, Ram Shalaka are at the same level as Chapter One. The basic method of cognizing nature is the one where no physical resources are used.

Swara = inhalation and exhalation

5

महत्वपूर्ण प्रश्न (Important Question)

कुछ सौ वर्ष पूर्व से ही दिव्यदंड का प्रयोग कम होने लगा और वर्तमान में लुप्त हो गया । आपने देखा होगा कि किसी आध्यात्मिक मठ के मुखिया को एक लंबी सी अनोखी छड़ी हमेशा लिए हुए जिसे वे हमेशा अपने साथ रखते हैं । दिव्यदंड हमें विशेष नियम देता है जिसके कारण स्वयं का दिव्य ऊर्जा से संपर्क हो सके । पाठकों के सामने बहुत से प्रश्न आ सकते हैं । मई यहाँ कुछ विशेष प्रश्नों का उत्तर दे रहा हूँ जिससे पाठकों के दिव्यदंड अथवा नेचर प्रिडिक्शन से संबंधित कुछ शंका का समाधान हो सके ।

प्रश्न : नेचर प्रिडिक्शन कार्ड की प्राचीनता क्या है ?

उत्तर : मुझे सिर्फ यह सौ तरह के उत्तर शब्दों में ज्ञात थे । मैंने इन शब्दों के लिए चिन्ह चुने और कार्ड बनाया ।

प्रश्न : क्या दिव्यदंड स्वयं से बनाकर धारण कर लेने से इसमें वह दिव्य शक्ति मिलेगी जो इसमें होनी चाहिए ?

उत्तर : आप स्वयं से दिव्यदंड धारण नहीं कर सकते । यह उसीसे प्राप्त कर सकते हैं जिसके पास ब्रह्मदंड है । यदि ब्रह्मदंड धारक न मिले तो इसे विधि से बनाएं एवं प्रकृति की उपासना करने के बाद अपनी माँ के हाथ से प्राप्त करें ।

प्रश्न : क्या दिव्यऊर्जा के अन्य भी श्रोत होते हैं ?

उत्तर : ब्रह्ममुहूर्त में खुली जगह पर , सूर्योदय की लालिमा में , किसी पवित्र व्यक्ति से प्राप्त आशीर्वाद में , अर्धनारी (हिजड़ा) के आशीर्वाद में, किसी दुखी की मदद करने के बाद मिले आशीर्वाद में, तीन नदियों के संगम के स्थान पर , पवित्र पर्वत की चोटी पर , उरु द्वारा दिए गए अस्त्र पर, गुरु,माँ अथवा बहन के द्वारा हाथ पर बांधे गए धागे पर, सिद्ध ताबीज पर, तुलसी,रुद्राक्ष अथवा बैजंती की माला में दिव्य ऊर्जा का प्रवाह होता है किन्तु यदि वह कोई वस्तु है तो यह श्रेष्ठ गुरु के द्वारा देने पर ही जाग्रत होता है ।

प्रश्न : क्या लकड़ी का दिव्यदंड होना आवश्यक है ?

उत्तर : प्रत्येक स्थान पर ऐसी लकड़ियाँ उपलब्ध नहीं हो सकती इसलिए अध्याय तीन में इसे स्टील की पाइप से बनाने की विधि दी गई है । मुझे यह विधि उत्कृष्ट लगती है क्योंकि इस दिव्यदंड का वजन प्रमाणित होता है । प्रमाणित वजन के साथ दिव्यदंड के साथ व्यायाम करने का बेहतर लाभ है ।

प्रश्न : क्या इतना छोटा दिव्यदंड भी बनाया जा सकता है जिसे जेब में रखा जा सके ?

उत्तर : बिल्कुल बनाया जा सकता है किन्तु इसकी पवित्रता के साथ प्रत्येक समय साथ रखना होगा ।

प्रश्न : किसी कारणवश यदि ये नौ दिव्यदंड में किसी को भी धारण करने में असमर्थ हैं तो क्या दिव्यदंड का अन्य कोई विकल्प है ?

उत्तर : यदि गुरु के अभाव में या किसी अन्य कारण आप नौ दिव्यदंड में किसी को भी नहीं धारण कर सकते तो आप गुणदंड धारण कर सकते हैं ।

प्रश्न : गुणदंड को धारण करने की विधि और लाभ क्या है ?

उत्तर : गुणदंड ब्रह्मदंड की तरह शक्तिशाली होता है । यह आप नेचर प्रिडिक्शन कार्ड के बिना और गुरु के बिना धारण कर सकते हैं ।

विधि : आपको सर्वप्रथम अपनी सबसे बुरी आदत पर ध्यान देना है । जैसे कि आप शराब पीते हैं । आप शराब की एक नई बोतल ले आयें । आप स्टील की पाइप वाली विधि से पाइप में आधे से कम पवित्र नदी के जल से बना सीमेंट का मसाला भर दें । अब मसाले के सूखने के बाद पाइप में नई बोतल खोलकर कुछ शराब डालकर कुछ सूखा सीमेंट का मसाला डालें और सूखने दें । सूखने के बाद पुनः खाली बचे स्थान में पवित्र नदी के जल से बने सीमेंट का मसाला डाल दें । सीमेंट सूखने के बाद सूर्योदय में सूर्य के सामने प्रतिज्ञा करें – हे सूर्यदेव, आज के बाद मै अपने चंचल मन की इस बुरी आदत को समाप्त कर दिया है । अब मै तब तक शराब का सेवन नहीं करूंगा जब तक मेरे पास यह दिव्यदंड है ।

इस विधि में आपको यह ध्यान रखना है कि बची हुई शराब को किसी वृक्ष की जड़ के निकट डाल दें और उसी समय के बाद के शराब सेवन न करें। आगे यदि आप शराब सेवन नहीं करते हैं तो दिव्यदंड की दिव्यऊर्जा समृद्ध होती रहेगी।

शराब सिर्फ एक उदाहरण है। आपको कोई ऐसी वस्तु चुनना है जिसे गलत आदत माना जाता है और आप इस वस्तु के आदी हैं। यदि आदत किसी वस्तु के रूप में नहीं है तो संकल्प को किसी हरे पत्ते पर लिखकर फिर मोड़कर पाइप में डाल दें।

important question

The use of Divyadand started decreasing a few hundred years ago and has now become extinct. You must have seen that the head of a spiritual monastery always carries a long unique stick with him. Divya Danda gives us special rules due to which we can contact ourselves with divine energy. Many questions may arise before the readers. Here I am answering some special questions so that some doubts of the readers related to Divyadand Divyadand or nature prediction can be resolved.

Question: What is the antiquity of Nature Prediction Card?

Answer: I only knew these hundred types of answers in words. I chose symbols for these words and made a card.

Question: Will if I make the divine rod myself and wear it, will it get the divine power that it should have?

Answer: You cannot wear the Divyadand by yourself. This will be confirmed only if the person who has Brahmadand gives it to you. If you do not find a holder for Brahmadanda, then make it according to the rituals and after worshiping nature, get it from your mother.

Question: Are there other sources of divine energy?

Answer: In the open space during Brahmamuhurta, in the redness of sunrise, in the blessings received from a holy person, in the blessings received by an Ardha-nari (eunuch), in the blessings received after helping a distressed person, in the place of confluence of three rivers, in the holy mountain. Divine energy flows on the top of the forehead, on the weapon given by Uru, on the thread tied on the hand by Guru, mother or sister, on the Siddha amulet, Tulsi, Rudraksh or Baijanti rosary, but if it is any object then It awakens only when given by a great Guru.

Question: Is it necessary to have a wooden Divyadand ?

Answer: Such wood cannot be available at every place, hence the method of making it from steel pipe has been given in Chapter Three. I find this method excellent because the weight of this Divyadand is certified. There is better benefit of exercising with Divyadanda with certified weight.

Question: Can a Divyadand be made so small that it can be kept in the pocket?

Answer: It can definitely be made but its purity will have to be kept with it at all times.

Question: If for some reason these nine Divyadand are unable to hold anyone, then is there any other alternative to the Divyadand ?

Answer: If due to absence of Guru or any other reason you cannot wear any of the nine Divya Dandas, then you can wear Gunadanda.

Question: What is the method and benefits of wearing Gunadanda?

Answer: Gunadanda is as powerful as Brahmadanda. You can wear this without Nature Prediction Card and without Guru.

Method: First of all you have to pay attention to your worst habit. Like you drink alcohol. You bring a new bottle of wine. Using the steel pipe method, fill less than half of the pipe with cement mortar made from holy river water. Now after the spice dries, open a new bottle in the pipe, pour some alcohol, add some dry cement spice and let it dry. After drying, again add cement mortar made from holy river water in the empty space. After the cement dries, make a pledge in front of the Sun at sunrise – O Sun God, after today I have ended this bad habit of my fickle mind. Now I will not consume alcohol as long as I have this Divyadand.

In this method, you have to keep in mind that pour the remaining liquor near the root of a tree and do not consume liquor after that time. In the future, if you do not consume alcohol then the divine energy of Divya Dand will continue to prosper.

Alcohol is just one example. You have to choose something which is considered a bad habit and you are addicted to this thing. If the habit is not in the form of any object then write the resolution on a green leaf and then fold it and put it in the pipe.

Other Books By The Author

अजना टैरो कार्ड पुस्तक में देवी सुषमा, ऋषिकुल, नरकुल और तेरहान से सम्बंधित पूरी कथा "सुषमा पुराण" नामक ग्रन्थ में है। आप यदि इस कथा का आनंद लेना चाहते है तो आप मेरे ईमेल पर मेल भेजें। मेल भेजने के बाद आपको ऑनलाइन आर्डर करने लिंक भेज दी जाएगी।

In the Ajna Tarot Card book, the entire story related to Goddess Sushma, Rishikul, Narkul and Terhaan is in the book named "Sushma Purana". If you want to enjoy this story then send a mail to my email. After sending the mail, you will be sent a link to order online.

rishiempire.manas@gmail.com or manasraj.rishi@mail.com

निम्नलिखित पुस्तकों के नाम को आप फ्लिपकार्ट या अमेज़ॉन पर सर्च करके आर्डर कर सकते हैं अथवा उपरोक्त ईमेल पर मेल कर सकते हैं।

You can order the names of the following books by searching them on Flipkart or Amazon or by mailing them on the above email.

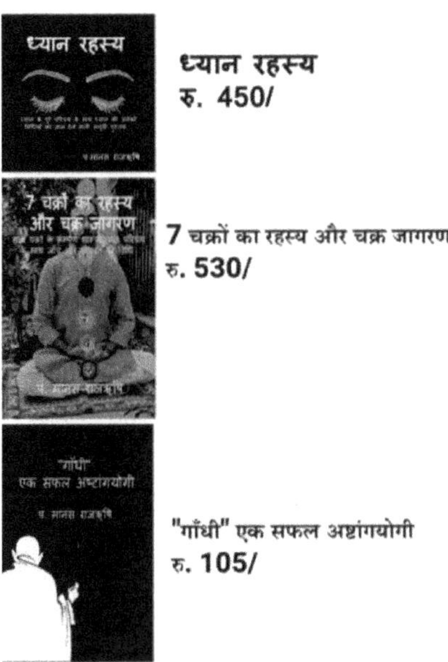

हनुमान चालीसा
रु. **100/**

Basic Naturopathy and Ayurveda
Rs. 160/

પ્રાકૃતિક ચિકિત્સા દર્શન
રૂ. **83/**

amazon

Famous platform for ordering books

www.ingramcontent.com/pod-product-compliance
Lightning Source LLC
LaVergne TN
LVHW070942160826
845679LV00022B/1879
9798891862456